コトバが人生をつくる

谷口清超

日本教文社

はしがき

コトバは普通〝言葉〟と書くが、〝言語〟と書くと文字に書いた言葉のようで、口で言う言葉までが言語だと思うかも知れない。

では犬が尻尾を振って主人を迎えるのは、どう書いたらよいか。犬のコトバと書いた方がよいだろう。ワンと鳴くのも犬の言葉だし、ウーと唸《うな》るのも言葉だが、やはり彼らのコトバという方が、何となく分かりやすいではないだろうか。

人間でも、ニッコリと笑う表情もコトバであり、お辞儀をしたり、握手したりするのもコトバなのだ。さらに心の中の思いもコトバであるから、仏教ではこれら三者を「身《しん》・口《く》・意《い》の三業《さんごう》」と教えている。

文字や言語だけではなく、身体の表現（身）や口で言う言葉（口）や心の思い（意）

も、全てが「業《ごう》」だというので、「三業」と言われてきた。これは悪業が悪果を作り出し、善業が善果をもたらすという、あの〝業《ごう》〟のことなのである。こうして人びとの運命が作られて行く。

つまり「コトバが人生をつくる」のだ。例えば誰か年ごろになって好きな人が出来ると、彼又は彼女と結婚する。こんな時も、まず意《こころ》で好きだと思う。そしてそれがさらに身体や口で相手に伝わり、結婚にいたる。こうして彼又は彼女の人生がつくられるのである。

時には相手から断られることもあるが、これもコトバによらなくてはならない。犬なら相手に噛みつくかも知れないが、これも犬のコトバだ。逃げ出すのも、身体を使ってのコトバである。

あるいは又、就職活動をするのもコトバを使い、入社するのもコトバで許可される。国できめた法律や憲法もコトバで出来ている。それも口だけの言葉ではなく、文章になっていて、しかも国会で牛歩戦術や乱闘さわぎまでする、身体を使ってのコトバの結果出来上っていくこともある。

勿論これらは、あまり誉められたコトバではない。だから〝善業〟と〝悪業〟との入りまざった〝業〟の結果が現われて来るし、その使い方次第では変な「法律」が出来上ったりすることもある。これは「憲法」の場合にもありうるし、外国の軍事占領の時に作られた「憲法」では、いろいろと欠点も多いだろう。

だから立派な独立国となった以上、自由に変えられるのが、世界の国ぐにの「コトバの使い方」だ。しかしいずれにしても、〝善い心〟によって〝善い言葉〟が多くの国民のコトバとならなければ、善い国にはなれないのである。

さらにコトバは、人と動物や植物の間にも、ある程度は通じ合い、お互いの運命をつくり上げる。人間の場合はコトバが人生をつくる。山の動物や植物に、やさしい愛のコトバ（心）を持って接すると、彼らは人間に害を与えなくなる。

ところが山林や森林をむやみに伐採して勝手に利用し、山や森の面積を少なくすると、動物達は人間の里《さと》にまで出て来て、害を与える。猪でも熊でも、猿や鹿でも、山や森が狭くなると、人里へ出て餌《えさ》をあさらざるを得ないからだ。

このようにして、広い意味でのコトバが人生をつくって行くのである。詳しくは本文を読んで頂くと、「明るい言葉を使おう」とか、「ありがとうは美しい」とか、「讃め言葉の功徳」などに分けて書いてあるから、この「はしがき」だけで終らないで、少しずつ読んで下さることを、心から期待している次第である。

平成十六年八月十日

谷口清超しるす

コトバが人生をつくる　目次

はしがき

I　明るい言葉を使おう

Ⅱ 「ありがとう」は美しい

Ⅲ　讃め言葉の功徳

I　明るい言葉を使おう

1　幸せを呼ぶコトバ

日本の美徳

言葉の力については、今までにも繰り返し説かれているが、ちょっとした挨拶《あいさつ》でも、その言葉や態度が人々の心を明るくし、活気づけるものである。日本の男性は、とかく言葉や表情が不足して、「沈黙をもって美徳」としてきたようだが、日本人男性にアイサツの〝能力〟がないわけではない。長年の習慣で、言葉少なくなったのかも知れないが、これでは不景気や事業沈滞すら乗り切ることはできないであろう。

平成十一年一月十六日の『讀賣新聞』には千葉県船橋市に住む原嶋実さん（八十一）の

次のような投書がのせられていた。

『暖かい冬の昼下がり、ショッピングセンターに行ったときのことである。

買い物を済ませ、少し休もうかと施設内を見渡してみたが、空いている席がない。

そのとき、近くに座っていた五、六歳の男の子から「おじいちゃん、どうぞ」と元気よく声を掛けられた。「ありがとう」と言って座ると、「おじいちゃんは家近いの?」「何のお仕事してるの?」などと問い掛けられ、たわいもない会話のやりとりを楽しんだ。

そこへママが来て、「さあ、帰りましょう」の声。子供は立ち上がって「おじいちゃん、また会えるよね」と手を振り、「またどこかで会えたらボクうれしいな」とうれしいことを言ってくれた。何という優しさだろう。

高齢者が疎外されがちな風潮もある昨今、この子の優しさ、思いやりはどこから来ているのだろうか。優しい老夫婦と同居しているのだろうか。それとも、親御さんのしつけが素晴らしいのか。そんなことを考えながら、とてもさわやかな気持ちになれた。』

というのである。これはとてもよい話だ。この少年はきっとすばらしい家庭で、立派な両親や祖父母に育てられたのであろう。このような少年や少女が沢山生まれて来たら、わが国の将来は前途洋々たるものに違いない。決してキレたりオドシたり、やたらに暴力的社会になるものではないのである。そのためには先《ま》ず大人の女性の、そしてことに男性の、気持のよい挨拶や笑顔の訓練が必要であろう。

外国のアイサツ

では外国では一体どんな様子かというと、平成十年八月十七日の『産経新聞』には、こんな一文がのっていた。〝あいさつは三文《さんもん》の得〟という題であるが――

『南米大陸の北、カリブ海に面するベネズエラは、日本人にはなじみの薄い国です。おおかたの日本人が持ち合わせている知識といったら、石油とミスユニバースの国ということくらいでしょう。さて、最近日本では、あいさつのできない子供が増えているとの話を耳にしますが、地球の反対側のこの国は、まさにあいさつの洪水です。朝昼晩のあいさつは当たり前。しかも、おきまりの「おはよう、こんにちは」などの後には必ずといっていいほど「コモエスタ（ご機嫌いかが）」が付きます。「コモエスタ」と聞かれたら「ムイビエン、グラシアス（元気です、ありがとう）」とこたえ、さらに相手にも同じように問いかけるのです。

この一セットをスペイン語の授業で習っている律儀な日本人は、教科書どおりの対応をしようと思うのですが、これがなかなか難しいのです。

というのは、社員と廊下ですれちがっただけでも、当然のように声がかかってきます。「ほらきたぞ」と思ってこたえようとするのですが、いくら暗記していても、慣れぬうちはスラスラと出てきません。そのためだけで立ち止まるのもおかしいので、歩きながら一生懸命しゃべるのですが、やっと最後まで言い終わったころには、相手は声の届かぬ所まで行ってしまっている、という具合です。

また、この国では、見知らぬ相手に声をかけても全く不自然ではありません。例えば、エレベーターに乗るときは、エレベーターガールや先に乗っている人に声をかけます。

この時のポイントは、ニコニコしながら明るくあいさつすることです。声をかけたとき、目と目が合い、相手が返事をしてくれます。笑顔が素晴らしい女性だと、大金を拾ったような得をした気分になります。

考え事をしているときや、仕事で悩んでいるときに声をかけられると「うるさいな」と思うこともありますが、大きな声でのあいさつはやはりいいものです。

朝、出社した際に、既に席に着いている社員とあいさつを交わしながら自分の席に向かうときは、まるで映画のシーンのようでもあり、また「よし今日も頑張ろう」と、そうかいな気分で一日をスタートすることができるのです。

（ベネズエラ住友商事会社 佐藤秀彰）』

ベネズエラという国は南米大陸の北端にあって、ブラジルの北端と接している〝暑い国〟である。一般に北米よりも挨拶が上手で、人当りがよいのだが、年中明るい雰囲気につつまれているし、初対面の人とでも目を合わせると笑顔であいさつするのが常道である。見知らぬ人同士いつまでたってもムッツリし合っているのとは、だいぶ住み心地が違うものだ。たしかに「あいさつは三文の得」と言えるだろう。

草刈り機

では日本人は全く正反対かというと、そうでもない。平成十一年一月二十四日のNHK第一放送のラジオ番組（日曜訪問）で、吉本興業社長の中邨《なかむら》秀雄さんが、花菱アチャコさんという漫才師や、その他吉本興業の社風などについて話しておられたが、日本の経済が明るく発展するためには、まずエンターテインメントが明るい精神を広めなければならないというのである。だからこの会社は「笑いを売る」のだといって、社内の空気はとても明るいそうだ。会社に電話をかけると、いつも出て来る女性社員たちが、みな笑顔をして挨拶をしたり返事をしたりしてくれる「ような気がする」と、NHKのベテラン対談者の方が話しておられた。

中邨社長自身も、会社に行くと誰にでも明るい挨拶をする。身分の上下や男女を問わないのだという。アチャコさんは中邨さんよりも先輩だったそうだが、とてもよく挨拶やおじぎをする人で、当時アチャコさんのマネージャーだった中邨さんと電車にのって京都の劇場に行く途中など、隣同士の席に坐って台本のけいこをする。その時、アチャコさんは中邨さんに「先生」と呼びかける。どうしてかというと台本のけいこをつけてくれるから、マネージャーでも〝先生〟だといって、とても礼儀正しかった。しかも明るくて、きめた時間にはいつも三十分も早く来て待っていたという話をしておられた。

「笑いは万病に効く薬でして、しかも全然副作用なしです」

などと言い、笑いの効能を極力宣伝しておられたが、全くその通りである。笑いすぎて病気が悪化したなどということはないのだから。その逆に腹を立て、不平不満の、暗い生活をしていると、必ず〝暗い世界〟や〝危機的状態〟が押しよせるものだ。その理由は「心が現実世界を作り出す」からであって、この「心の法則」には例外がない。しかも「心」は即ちコトバであり、行動も、表情も、コトバである。善行は善語であり、愛行は同時に愛語でもあるのだ。従って奉仕活動や献労*なども、よきコトバの実践ということができるであろう。

平成十一年一月十七日に、札幌教化部*での特別練成会*において、釧路市興津《おこつ》四丁目に住んでおられる吉田正則さん（昭和六年六月生まれ）は、次のような体験を話しておられた。平成十年六月のことだ。釧路教区では平成九年十月に新しい土地に新しい教化部会館を建設することが出来た。これらは多くの人々の愛行即ちコトバの結晶であるということが出来るであろう。

ところが土地が広大で二千坪もある。従って会館が建っても、周囲に生えてくる草が問題であった。今まで使用されたことのない新しい土地だったから、葦《あし》や茅《かや》などの野草がどんどん生える。そこでどうしても草刈りが必要だった。幸い吉田さんの勤めている会社の倉庫には、古い壊れた草刈りの機械がねむっている。吉田さんはそれを何とか使いたいと思い、会社に相談すると、よろしいということになった。そこで彼は全部を解体した。バラすと素人《しろうと》だから中々組み立てられない。だが努力精進《しょうじん》の甲斐あって、とうとう一ヵ月後には組み立てることが出来た。

奉仕活動

そこで吉田さんはこの機械を使って、会館の道路や周辺を、仕事が終った後の五時半ごろから毎日二時間ほど〝奉仕活動〟をはじめたのである。五月六月ごろは二時間半ほど作業ができたが、仕事は中々進まない。やっと道路をきれいにすると、十日後には又道路に草が生えているので、中々先に進まない。

そのうちに五月三十一日になると、平成十年度の講習会*日となった。吉田さんも運営委員の一人だから、当日は副総裁*のお話が聞けないので、その後近くの教区の講習会に行って講話を聞くのである。その年も六月十日に十勝教区の講習会を聞きに行った。すると帰りのバスの中で、彼は友人の津村さんと草刈りの話をした。

「草刈りは、楽しくて楽しくて、たまらないんだよ。こんな楽しいものを、今までやったことがないよ」

と言った。すると津村さんが、

「そんなに楽しいものなら、俺にもやらしてくれ」

という。これは万人の情《じょう》であって、仕事でもつらいことや暗いことはやりたくないが、楽しいことなら「大いにやろう」という気になる。それじゃ二人でやった方がもっと楽しいだろうというので、二人は喜んでやることにした。だがこの草刈り機は激しい震動があるから、三十分やったら十五分休めと書いてある。それを読まずにやっていると、一時間もたつと手が機械から離れなくなるのだった。

さていよいよ当日になると、吉田さんは朝コーヒーを飲んだところ、急に腹痛を感じた。

別に毒入りコーヒーではなかったが、フト思い出したことがある。三日か四日ほど前に、テレビで健康についての話があった。その時、朝ストレートでコーヒーを飲むと、胃を悪くすると言っていた言葉を思い出した。そのセイかなと思って、奥さんに言うと、

「じいちゃん（まだ若いのに）、何いってんのさ。じいちゃんはいつも、思ったことは現れると言ってるでしょ。人にばっかり言って、自分は気をつけないのかい」

とせめられた。しかし痛い胃は中々治らない。吉田さんはその日津村さんと約束してあるから、寝るわけには行かんと思い、その日に講習会の感謝奉告祭があったので、午前中にそれを終り、午後から草刈りをしようと思って会館に出掛けた。さて奉告祭が終り、昼の食事になった。すると津村さんが、「頭が痛い」と言い、「今日は帰るわ」と言う。仕方がないと思って、では自分一人で草刈りをしようと思ったのである。

さて吉田さんの昼食がすみ、草刈りをはじめようとすると、今度は彼自身の頭が痛くなった。ズキン、ズキンとして、目まいがする。さらに眠くなってきて、どうにも仕方がなくなった。

痛みの警報

かつて私は「痛みは警報である」という文章を書いたことがあるが、何かの原因で痛みが発生し、目まいも眠気も起ることがあるから、単にそれを薬で止めても仕方がない。では無視していてよいのかというと、やはり警報を止めたり無視したりするのと同じだから、これも正しいとは言えない。こういう時は、一番副作用がなく安全なのは、床に入って眠ることだが、時には出席すべき重大な用件があり、ゆっくりと眠ることもできない場合もある。

しかし今の吉田さんの場合は、〝草刈り〟であったから、別に他人に迷惑を掛けたり、失望落胆させたりすることにもならない。約束していた津村さんは、頭痛のために帰ってしまった。そこで吉田さんも、他の人々に、

「ちょっと具合が悪いから、先に帰らせてもらいます」

と言って帰宅したのである。

家に帰るとすぐ蒲団《ふとん》を敷いて眠ることにした。それが午後の二時ちょっと前だったので、五時まで眠れば、まだ明るいうちに草刈りも少しはできるだろうと思って寝たのである。そして目がさめると、外はもう真っ暗くなっていて、時計は八時を指していた。

そこで翌日の月曜日に、会社に行った。しかしちょうど土砂降りの雨で、どこの草刈りもできない。その日たまたま会社の定期診断があったので、病院に行った。そこで順番がくるのを待っている間に、フト思いついたことがあった。

草刈り機には大きなのこの歯のようなものが付いている。それをエンジンで回転させて、草を刈るのである。そののこの歯はしっかりした金属でできているから、石などに当たると歯が欠けて飛んだりする。しかし最近はナイロンの太い糸で出来たものを回転させて、その力で草を刈る方法ができた。それを思い出して、この機械にそれを付けたら、安心して草が刈れるだろうと思い、早速専門店に行ってきいてみた。「あります」というので、会社に連絡して承諾を得た。そこでその太い糸を買って帰るという、とても〝余裕のある行動〟が取れたのであった。

さて喜んでその糸を買って帰って来て、それを機械に付ける作業に移ったが、先《ま》ず金属の歯を取り外さなければならない。機械をひっくり返して、取ろうとすると、その途端全身にまるで滝に打たれたようなショックを感じた。やがてドーッと涙が出てきて、

「神様に救われた！」

と思ったのである。というのは、金属の歯を押えつけているお碗《わん》のような金属の底が、ほとんど百％削れて無くなっていた。もしそれが飛んでしまって歯が外れたら、直径が十三、四センチある物体だから、草を刈っていると、誰にぶつかるか分からない。自分に当たると、死亡するかもしれないし、大怪我《けが》をするにちがいない。それを知らずに、もし前日の朝から草刈りを始めていたら、とんでもない事故が起ったであろう。しかし現実には、まずストレートのコーヒーを飲んで胃が痛くなり、さらに友人は頭痛で家に帰り、吉田さん自身も訳のわからぬ頭痛や目まいや眠気で、翌日まで草刈りを延期することになってしまった。その間に「歯を太い糸と取りかえよう」とする余裕のある思いが起り、やっと事故からまぬがれることができたのであった。

このように、愛行や、よろこびや、献労や明るい心は、知らず知らずのうちに、事故をふせいだり、まぬがれたり、さらに快適な環境や社会生活や、さらには明るい健康な家庭

生活を送る道筋を整えてくれる働きを進めてくれるものである。

吉田さんは、この事件を思い出すたびに、有難くて、嬉しくて、涙が出る思いがすると、練成会場で話しておられたのであった。

＊献労＝清掃や、戸外での軽作業などを行う、生長の家の練成会での宗教行事の一つ。

＊札幌教化部＝札幌市西区発寒九条十二－一－一にある、生長の家の教化部。教化部とは、生長の家の各教区における布教、伝道の中心となる拠点。

＊特別練成会＝生長の家総裁・谷口清超先生ご指導の練成会。現在、国内五ヵ所の本部直轄練成道場（本部練成道場、宇治別格本山、富士河口湖練成道場、ゆには練成道場、松陰練成道場）と、札幌教化部の計六ヵ所で年一回ずつ行われている。又、総本山の団体参拝練成会では、毎回直接ご指導に当たられている。練成会とは合宿して生長の家の教えを学び、実践する集い。

＊講習会＝生長の家の総裁、副総裁が直接ご指導する「生長の家講習会」のこと。現在は、谷口雅宣生長の家副総裁、谷口純子生長の家白鳩会副総裁が直接ご指導に当たられている。

＊副総裁＝谷口雅宣先生。

2 小さな「窓」から

破れ窓理論

平成十五年のまだ梅雨があけない六月のことだ。我が家の風呂場には、天井に暖房機がついている。その頃暑い日や寒い日が不規則に訪れていた。その日は寒かったので、この暖房機にスイッチを入れたが、一向につかないのだ。暖房機は戸外に、ガスで湯を沸かす装置があって、風呂場ではそれを温風に変えて、吹き下ろしてくれるように、遠隔操作をするスイッチがある。スイッチは掌ぐらいの大きさで、電池で作動する。それをいくら押しても作動しないのであった。

我が家は本部会館＊の所有する公舎だから、こんな便利なものを着けてくれていた。私はスイッチ内の電池が切れたのかと思い、取り替えたがダメだ。そこで翌日、総務部の慣れた人に見にきてもらった。すると「外の機械の電源への差込みが緩んでいた」というのである。プラグのちょっとした緩みが、電気を通さなかったのだ。

こんなごく小さな緩みでも、馬鹿にならないことが良く分かる。戸外のコンセントが下向きについていた所為《せい》もあるが、これは雨が直接かからない為だろう。軒下だったから、防水用のコンセントでなかった為かも知れない。

ちょっとした事が大事に繋がることもある。私が本部に通う途中で、二十歳ぐらいの女の子がタバコの吸い殻をそのままポイ捨てして行ったことがあった。ほっとくといけないので、踏んづけておいたが、もし山道などでポイ捨てをすると、山火事になるかも知れない。平成十五年七月五日の『産経新聞』には神先智史さんと言う大学生（18）のこんな投書が載っていた。

『車による防犯の呼びかけや小学生の集団下校など、数年前は考えもしなかった。治安悪化が危惧《きぐ》されている。

不法滞在の外国人犯罪が指摘されるが、近くではあまり見かけないし一般の外国の方に失礼だろう。国籍を問わず、社会生活を逸脱する人間が身近にいる事実を認識し、そのような人間が闊歩《かっぽ》する状況を廃さなければいけない。そう思っていたところ「破れ窓理論」のニュースを見た。

調べてみたら、犯罪増加に悩む米国で一九八二年に採用されたという。平成十四年版警察白書によると、落書き、酔っ払いなどの軽犯罪でも徹底的に駆逐することで、犯罪全体を減少させようという取り組みである。

破れた窓が放置されていれば、管理が行き届いていないことが明らかになり、いたずらや犯罪の格好の餌食《えじき》となり、瞬く間にビル全体に及ぶ。「破れ窓」とは崩壊する社会の比喩《ひゆ》である。

軽犯罪も大罪なのだと皆が認識することが、いま必要ではないか。（茨城県牛久市）』

コトバの「窓」

一枚の『破れ窓』から「崩壊する社会」が出てくると言うから、馬鹿にならない理論である。だからちょっとした言葉でも、言い方によっては、喧嘩や乱闘になったり、平和が訪れたりもする。昭和時代に「国際連盟」というのがあり、今は『国際連合』となったが、当時の松岡洋右《ようすけ》外務大臣が〝脱退〟を宣言したことがあった。そして昭和十五年に「日独伊三国同盟」を結んだ。これが『破れ窓』となって、大東亜戦争（太平洋戦争）となった、とも言えるのである。

国家では、脱退でも宣戦でも簡単なコトバであるが、そのコトバが世界の運命を支配するから、まさに「歴史はコトバで作られる」と言える。最近は機械化が進み、何でも機械で処理されるが、それを根本で動かすのは「人間の心」でありコトバなのだ。そのコトバが愛や思いやりに満ちているのと、そうでないのとでは、大変な違いが出てくる。例えば平成十五年七月七日の『毎日新聞』の〝余録〟欄にこんな記事があった。

『イラク駐留米軍に対する襲撃が頻発している中で、ブッシュ米大統領が「かかってこい」と発言したことが物議を醸しているという。原文は「Ｂｒｉｎｇ ｔｈｅｍ ｏｎ」だった。直訳すれば「ヤツらにやらせてみろ」といった意味だろうが、誰もが挑発的発言と受けとめたことは確かだ▲アフガニスタン作戦ではタリバンの残党を「洞穴からいぶり出す」と言い、イラク開戦前にはフセイン元大統領を「ザリガニ野郎」と呼んだ。指導者には庶民にわかりやすい率直な物言いをするタイプと知的な雰囲気を重視するタイプがあるが、ブッシュ氏は前者に違いない。大統領選の時も「テキサスの田舎町の住民に分かる言葉で話したい」と語っていた（続く）』

いかにもテキサス人らしいコトバで、反感を持つ人もあるが、「やっこさんらしい」と思って親しみを憶える人もいる。とても堅苦しい政治家（日本の）や、イスラム原理主義者間では使えないだろう。さらに〝余録〟さんはこうおっしゃっている。

神への「窓」

『▲歯に衣《きぬ》を着せぬ話法では、英国のサッチャー元首相を思い出す。愚問を浴びせた質問者に「あんた、いかれてんじゃないの?」と下町言葉でしかりつけるのを聞いたこともある。「ポピュリスト」と批判されても、物言いを改める節はなかった▲ブッシュ氏の父（元大統領）は「気弱な紳士」風で後者のタイプと見られていた。90年に湾岸危機が起きた時、ブッシュ父を強く励ましたのもサッチャー氏だった。ところが今、息子のブッシュ氏が頼りにしたいブレア首相は支持率低迷に苦しんでいる▲いきおい、ブッシュ氏も米兵の安全確保には強い言葉が出てしまうのかもしれない。米英軍のイラク駐留経費は月に30億ドル（約3500億円）ともいう。秩序の回復と復興には気が遠くなるような労苦と忍耐がいる。旧政権残党の組織的な攻撃にはき然たる対応が避けられない▲「かかってこい」と言いたい気持ちはよくわかるが、強気なだけではイラク人の信頼は得られない。そのこともお忘れなく願いたい。』

　ブッシュさんやサッチャーさんがこんなコトバが吐けたのは、たんに強気だけではない。彼や彼女の奥に、信仰心があり、国家的にも「神を信ずること」を明確にしているからである。ところが残念なことに、日本の政治家は、その信仰心や神・仏をひた隠しにする。まったくそんなものは「いない」と信じているのかも知れない。だから「世論」とか、「野党」や「反対派」の非難を気にしすぎるのである。だから前の森総理が「神の国」と言ったとかいって、大いに非難されて短命に終わったのであろう。就任式で聖書に手を置いて宣誓する国とは大違いだ。

しかしそれにしても〝余録〟さんの『「かかってこい」と言いたい気持ちはよくわかるが、強気なだけではイラク人の信頼は得られない。そのこともお忘れなく願いたい』と言うコトバは、暖か味があって宜しい。温かいコトバや態度は、どんな時にも幸いをもたらす『窓』だと言える。つまり『破れ窓』ではないと言うことだ。同日の同じ新聞の投書欄に、次の様な八木清美さん（47）の一文が載っていた。

『銀行では現金自動受払機（ＡＴＭ）、駅では自動改札と、私たちは無言で用を足すことが増えた。それらが日常の生活に浸透して久しいが、無言のまま列をなしている自分に気付くと、ベルトコンベヤーで運ばれる機械の部品のような錯覚に陥る。

昨年、足をけがして松葉づえで銀行に行った。窓口で引き出しの手続きをしてソファに掛けて待っていると、女性行員の方が窓口を離れて、封筒に入れた現金を持参してくださった。思いやり、気配りこそ人間にしかできない仕事だと感心させられた。

コストを抑えるための機械化は、人間関係の煩わしさからも解放してくれる。しかし、さわやかな笑顔の接客に、財布のひもが緩むことはよくある。サービスとは一体何だろう。

機械は人間に代わって仕事をするが、人にしかできない仕事がある。』

この「人にしかできない仕事」の『窓』は、「さわやかな笑顔」と言っても良いだろう。この笑顔を人が「目で見る」と、その「さわやかさ」が相手に伝わる。これは機械ではできない仕事だ。しかもその「目」がそっぽの方を向いていたのでは、伝わらない。「目と目」が合わないと、効果がないのである。

そしてまた「目は口ほどに物を言い」と言われるが、「口」から出るコトバも『窓』の働きをする。その『窓』が『破れ窓』ではだめだ。例えば平成十五年七月八日の『毎日新聞』には、さいたま市見沼区の高校生高橋一成君（15）の、次のような投書が載っていた。

『心の窓』

『僕が今年、私立高校に入学が決まった時のことです。制服・靴下・靴・体操着などは学校に業者が来て採寸します。一番目についたのは、業者の態度が悪いことでした。あいさつはしないし、いきなり採寸をするし、採寸もいいかげんでした。

ズボンは、ウエストが細いのに大きめのサイズ、運動靴は26チセンなのに革靴は24・5チセンでした。ズボンの修正はすぐにできましたが、靴はできませんでした。だから、1カ月もしないのに新しい靴を買うことになりました。靴下は何回かはいてしまってから他校マークの物だと気付いたので、これも改めて購入しました。

業者は毎年採寸しているのだから、一人一人に正しい採寸をしてほしい。親の負担を少しでも少なくと思っているのに、これでは予定外のお金が出ていってしまいます。来年度合格した人は、このようなミスをしない業者に採寸してもらった方が良いと思います。』

この業者は、挨拶もしないし、いい加減な採寸をするし、態度も良くない。毎年やっているから、生徒を馬鹿にしているのだろう。こんなのは、『破れ窓』のたぐいで、やがて破産に追い込まれたりする。またこんな『心の窓』もある。平成十五年五月二十四日の団体参拝練成会*で、北九州市小倉北区赤坂に住んでおられる宮本京子さん（昭和四十五年三月生まれ）が、次のような体験を話された。

京子さんは生まれながらの生長の家の家庭で育った。その有り難さに気づかないまま周治さんと言う今の夫と出合った。遠距離恋愛だった。婚約が決まったとき、初めて生長の家のことを考えたと言う。そして「一生生長の家を信じて生きたい」と思ったので、京子さんはそのことを夫に伝え、「これからも活動をしたい」とお願いした。しかし周治さんは宗教を全く理解してくれず、何処まで話しても〝平行線〟をたどるだけだった。

そして遂に「結婚を止めてしまおうか」と思うほど不和になったのである。しかし結局は、家で先祖供養をしたり、本を読んだりするくらいなら良いということで、結婚の準備が進んでいった。この様な時の選択は、なかなか難しいものだ。しかし新居の部屋に生長の家の本が並んでいるのを見た途端、夫から、

「ワッ、この部屋に入っただけで頭が痛くなる」

と言われ、彼女はショックを受けた。これから先のことを考えるととても辛く、生長の家のことを夫にも話さず、自分でも余り考えないように努力して生活した。しかし子供を流産したのがきっかけとなり、彼女は「夫に対する讃嘆日記」をつけることにした。これは素晴らしい選択で、夫の美点を見て、毎日それを日記に書きつけたのである。

ヤングミセス

こうして信仰への『心の窓』が開かれて来ると、そこから何が飛び込んでくるか……さらに「神想観*」や先祖供養、聖典拝読をするようになった。するとさらに二人の子供に恵まれ、思いどおりの子育てが出来ずに悩んでた時、ヤングミセス対策部長の酒井幸江さんから「対策部への誘い」があった。

「あなたが活動出来ると思ったら、出来るのよ」

と言われ、京子さんは思い切って夫に話した。するとこの時、不思議なくらい周治さんはなにも反対せずに許して下さったのである。こうして念願していた「ヤングミセスの集い*」を、家で開く事が出来たのであった。

それから三年たつと、彼女の環境はガラリと変わった。活動を始めた彼女は「全国青年練成会*」「ヤングミセス一日見真会」「教区大会」「全国大会*」と、次から次に参加し、その度に、「もっと良い奥さんになって帰ろう」と思って帰宅した。また宇治別格本山*で行われ

た「青年会の研修会」*に参加するとき、その思いを手紙に書いて夫に渡した。その手紙を読んだご主人は、

「こんな手紙、チャンチャラ可笑しいぜ」

と言った。京子さんも「これ以上はホントに無理だ」と思い、夫との間に少し距離が出来た。これもコトバの力である。一緒の部屋にいても、「何を話したら良いのだろう」と思って、悩むのだ。そんな事を知った酒井さんが、白金《しろがね》辰子本部講師補に相談して下さった。すると、「〝ねばならぬ〟を捨てなさい」と教えて下さった。「そのままの心を大切に、執着を捨てなさい」ということだ。

京子さんは今まで〝ねばならぬ〟だらけだったと反省したが、どうしたら〝ねばならぬ〟が捨てられるのだろうかと思い、神想観をしっかりやって、「人《じん》・時《じ》・所《しょ》」の三相応《さんそうおう》を得ることを心掛けた。当時彼女はヤングミセスの開催状況の報告係をしていたので、リーダーさん達に毎月一回は電話をかける。その電話をし終わった時に、最初に参加した「全国青年練成会」から帰った時のことを思いだした。

車が自宅の前に停まった途端、中から周治さんが出てきて、荷物を持ってくれ、「どう

だったか、楽しかったか？」と声をかけて下さった。玄関を入ると、綺麗に掃除をしてくれていて、お風呂を沸かして待っていて下さった。ああ、そうだった、夫は「もっと良い奥さんになって帰ってくる私」ではなくて、「楽しかったよ」と言って帰ってくる明るい私を待っていてくれたのだ。ただ感謝すれば良かった、と分かったのだ。そして「今まで申し訳ありません」と気が付き、涙が止まらなかったというのである。

それからは無条件に「夫はすばらしい」と感謝出来るようになり、心から「ご主人にハイ」が出来るようになった。すると今では一度も何も言わないのに、パチンコ、マージャン、タバコをやめてしまい、総本山*から買ってきた「お土産の本」を、「有り難う」と言って受け取ってくれ、暇なときには読んで下さっている。いつも夫婦の気持ちがとてもぴったりとして、子供のことや会社のことなどを、たのしく語り合えるようになったと言うことであった。

これも『心の窓』が生長の家のみ教えに対して「全開された」から、と言えるのではないだろうか。

＊本部会館＝東京都渋谷区神宮前一−二三−三〇にある、生長の家本部会館。
＊団体参拝練成会＝生長の家総本山に教区単位で団体で参拝し、受ける練成会。
＊神想観＝生長の家独得の座禅的瞑想法。詳しくは、谷口清超著『神想観はすばらしい』谷口雅春著『新版 詳説 神想観』（いずれも日本教文社刊）参照。
＊「ヤングミセスの集い」＝生長の家青年会の、既婚女性の集い。
＊「全国青年練成会」＝毎年秋に生長の家総本山で行われる、青年対象の練成会。
＊「全国大会」＝毎年五月初旬、東京・日本武道館で開かれる生長の家全国大会。「相愛会・栄える会合同全国大会」「白鳩会全国大会」「青年会全国大会」の三大会がある。
＊宇治別格本山＝京都府宇治市宇治塔の川三一にある、生長の家の道場。生長の家の各種宗教行事が行われている。
＊「青年会の研修会」＝生長の家の青年を対象にした真理の勉強会。
＊総本山＝長崎県西彼杵郡西彼町喰場郷一五六七にある生長の家総本山。

3　正しい生き方について

コトバの力

人はよく「正しい方に味方する」という。「悪い方に味方する」と意気込む人はいないだろう。しかしかつて幕末維新のころは、徳川幕府が正しいのか、それとも朝廷の方が正しいのか分からなかった人が多かったのである。そこで佐幕派と勤皇派とが分離して、相戦うようになった。ことに幕府が開港（開国）をせまられて、将軍を日本国主の如くに誤解させて開国しようとして以来、混沌とした世情がわが国全体を覆ったのである。そこに開国派と非開国（攘夷《じょうい》）派とが交錯したから、より一層の混迷が増幅した。即ち、

尊王攘夷の人々、
尊王開国の人々、
佐幕攘夷の人々、
佐幕開国の人々、
が入り乱れて「わしが正しい」と主張し合ったと解釈すると判りやすいだろう。しかもその組み合わせが時々変化した。即ち人々の心が変化して、他派の説得に応じたりするからである。

しかしやがて幕府が朝廷に政権を返還し、やがて明治維新となり、各藩も消滅していったのでスッキリしたが、その過程で日本国の方針は攘夷から開国へと変化したのである。そしてこの方向は、まさに「正しかった」と言うことができる。何故なら、現代日本国が鎖国をして、外国の文明を排斥ばかりしていたのでは、まさに滅亡の一途をたどる外はないからだ。

というのは現代の日本は外国貿易によってほとんどあらゆる資源を購入し、それを製品化して海外諸国に輸出して付加価値を得ているのである。即ち「自給自足」ではなく「自給他足」であり、「他給自足」であるから、文明国として発展してきた。これまさに「正しい」方向であり、そのことが「生長の家」の『自然流通《じねんるつう》の神示』＊にも明示され、「これが実相だ」＊（神意である）と明言されているのである。

ところが不思議なことに、農産物、ことに米に関しては「自給自足」主義を主張し、わずかにWTOによって、ごく一部の輸入米が義務付けられているだけで、許可を得ない輸出は禁止されている。これでは豊作時には余った米が出来るから、〝減反政策〟など行い、各県に減反の割当てをする。そこで農閑地ができ、田畑が荒れて農家の収入減ともなり、若者たちは前途の希望を失って農村離れを起してしまう。政府がいくら補助金を出したとしても、彼らの〝精神的重圧感〟は増すばかりだ。

輸出入の自由

これを解決するには、輸出入の自由、即ち「自給他足」と「他給自足」の方向を打ち出せばよいのである。「日本米は高価だから、輸入する国はあるまい」という人もいるが、個人的にはいくらかは海外からも注文できるし、日本でそれを可能とすれば海外在在の（日本人をふくむ）米食好きの豊かな人々は、スシの流行や健康によい日本食の流行などによって、いくらでも可能となるのである。

ことに「輸出も輸入も自由だ」というコトバの力が、どれだけ人びとの心を動かすか、計り知れないことを知らなくてはならない。許可制や高関税ではダメである。

コトバには現実を作り出す大きな力がある。明治維新の時も〝攘夷〟というコトバが、在日の外国人を殺傷し（生麦事件など）、外国船を砲撃するような事件（長州関門での砲撃戦）などを起したのであった。下って大東亜戦争（太平洋戦争）でも、〝鬼畜米英〟というひどい言葉が、どれだけ日本人の死者（自殺者）をふやしたか分からない。一体今どき本当に〝鬼〟が住むとでも思っているのだろうか。米英人が〝畜生〟と同じだと、どこから考え出したのか。ただそのような過激なコトバが人々の行動を左右し、沖縄をふくむ各地での投降を阻止したのである。

しかし日本人そのものは昔から投降拒否人種だったわけではない。戦国時代にはいくらでも敵軍に降伏して、その敵軍に加わった人々がいた。それ故（といっては変だが）日本の将棋では、捕った相手のコマを、自分のコマとして使うことが出来るようにした。しかし西洋のチェスには、こんな気の利いた規則はなかったのである。

そして又「勝敗は時の運」とも言われた。きたない勝ち方もあるし、いさぎよい負け方もある。ヘボ将棋やヘボ碁を打つものほど、最期の最後まで打ってみて負けるものだが、名人ほど途中で投了する。それは早くから先が読めるからだ。そのように大東亜戦争でも、先見《せんけん》の明《めい》のある山本五十六司令長官や米内光政海相などは、以前から〝日独伊三国同盟〟にも反対し、対米戦争にも反対しておられたことは前にも度々述べた通りである。

しかも人間の「運」というものは、神様や天から与えられるものではなく、人間（彼自身）の作り出す筋書きである。しかも彼自身の心で思うこと、言うこと、行うこと（これらを身口意《しんくい》の「三業《さんごう》」という）を、コトバが作り出すのである。即ち吾々が常に使っているコトバが業《ごう》となり、それが業果、即ち結果を生み出すのだ。しかしその結果が出てくるのは、いつのことかは分からない。例えば自動車事故や飛行機事故にかかるか、かからないかの日時は「分からない」のが当り前なのである。

何故なら前もってその日付や時間が分かるならば、その日のその時間に旅行や外出をしなければ避けられるからだ。ただこの場合、本人にではなく他人（家族や特定の人）に分かることもあるが、本人は分からず、その車や飛行機に乗ってしまうのである。

運命について

「分かる」と言っても、厳密に断定することはできないのが常である。これは〝天気予報〟が未だに正確には当たらぬことがあるのに似ている。しかし分からなくても、本人はその運命の方に、知らず知らず行動して、ごく少しの差（たとえば右の席に坐るか、左の席に坐るか）で、運命が変わってくるのである。例えば平成十四年の一月四日の夜、熊本県の山中にセスナ機という小型飛行機が墜落した事故があった。これは建設会社の社長さん所有のものだったが、一月六日の『讀賣新聞』には次のように記されていた。

『熊本県球磨村で四日夜、福岡市城南区七隈、建設会社社長金子悟さん（46）らが乗った小型機が墜落、四人が死傷した事故で、金子さんら死亡した二人は機体の進行方向右側に座り、助かった二人は左側にいたことが五日、同県警の調べでわかった。機体右側が大きな衝撃を受けたと見られる。国土交通省の航空・鉄道事故調査委員会は六日から、県警とともに詳しい実況見分を行う。

小型機は前方の二つの座席が操縦席になっており、金子さんは右側で操縦していた。左席には助かった長男の高校二年、朋樹さん（17）が座っていた。大手航空会社などでは社内規定で、「機長が左、副操縦士が右に座る」となっている。小型機の場合、機長がどちら側に座るかについて法的な制約はないが、操縦席の計器類は基本的に左側席が見やすい配置になっている。飛行機免許を取得する際も、実際の機長と同様に左に座って訓練を受けることが多く、航空の世界では「機長は左」が常識という。今回の事故について、小型機のアマチュアパイロットからは「操縦が難しい夜間という条件を考えれば、計器の見やすい左側に座るべきだった」との声も出ている。

大阪・高槻市で一九九八年九月、小型機が墜落、五人全員が死亡した事故では、運輸省航空事故調査委員会（当時）が「機長が右側に座っており、計器類を見にくかったことも考えられる」と指摘している。

一方、山中に墜落した機体は高さ三十㍍ほどの杉の間に入った状態で、杉林が緩衝材の役割を果たしたのではないかと見られる。(後略)』

この不幸な墜落事故は、高校二年生の金子朋樹君が頭部(右ほほ)骨折の重傷にもかかわらず、三十分ぐらいかけて歩いて麓の村に連絡し、救助隊が山中に行って事故現場を目撃し、人吉市の病院で手当てを行った。ところがこの事件は七日の記事で、左右が逆であったと訂正された。

右か左か

さらに『毎日新聞』では一月七日の記事に、次のように発表された。

『熊本県球磨村の山中にセスナ機が墜落、乗員4人が死傷した事故で、国土交通省の航空・鉄道事故調査委員会の調査官2人は6日、県警と合同で事故現場を検証し、本格的な原因究明を始めた。初日の終了段階で調査官は「機体やエンジンに目立った異常は確認できなかった」と話した。

検証は午前10時から約7時間行われた。これまでの調べでは、セスナ機は4日午後7時

10分ごろ、山の稜線《りょうせん》に向かって墜落した。周囲の杉2本をなぎ倒し、機体の左前部から地面へ激突したとみられる。衝撃で両主翼とも大きく二つに破断し、エンジンカバーも大破していた。胴体後部はしわや擦った跡が見られたが、激しい傷みはなかった。操縦室は大破し、計器表示の確認は困難という。燃料タンクは破断しており、空だった。

楠原利行調査官は「まだ着手したばかりで明確な原因は何も言えない」と話した。

一方、県警は6日、村中好久さん(36)、金子朋樹さん(17)から、事情聴取を行った。村中さんは「(死んだ)金子悟さんは左前座席で操縦していた。朋樹君はその隣、自分は右後部座席、(死んだ)丸田良一さんは左後部座席にいた」と供述、左右を逆にしていた発見直後の朋樹さんの証言を改めた。また朋樹さんは「いきなり落ちた」と証言。事故を回避する十分な時間もなく、突如墜落したとみられる。【阿部周一、新里啓二】』

この場合でも、金子悟さんが何故左側の操縦席に乗ったのか、金子朋樹君は右側の前部席に乗ったのかは分からない。しかしその坐席の選び方一つで運命の生死が分かれた。さらにもし社長さんがうまく操縦していたら、セスナ機はあやうく難をまぬかれたかも知れないし、セスナ機の出発時刻が十分ほど早ければ、気象条件も変わってきて、安全に飛べたかも知れないのである。だが現実はあのような二人生存二人死亡という結果になってしまったのであった。

それ故全ての人は、平素から「小さなこと」といっておろそかにしたり、バカにしたりしてはいけない。そして車や飛行機などの操縦でも定められている規則は、いくらベテランになっても、しっかり守ることが大切である。つまり「当り前」が一番尊く肝要なのであって、「結局安全に目的地に着けば、途中はどうでもよかろう」というような、目的本位ではダメである。「手段の正当性」が求められるのだ。それは、〝奇蹟〟や〝偶然〟を求めているのが真の宗教ではないからであり、前記『自然流通の神示』の冒頭には、こう記されている。

『「生長の家」は奇蹟を見せるところではない。「生長の家」は奇蹟を無くするところである。人間が健康になるのが何が奇蹟であるか。人間は本来健康なのであるから、健康になるのは自然であって奇蹟ではない。「生長の家」はすべての者に真理を悟らしめ、異常現象を無くし、当り前の人間に人類を帰らしめ、当り前のままで其《そ》の儘《まま》で喜べる人間にならしめる処である……』と。

「当り前」の生き方

この「当り前」というのは、単に世の中に通用している習慣とか、仕来りといった浅い意味ではない。世の中には病人も沢山いて、まるで当り前のように病気の治療を受けている。空《あき》カンを不法に捨てる人も沢山いる。まるでそれが「当り前」のように思ったりするのかも知れないが、そんな「当り前」を生長の家がスイセンしているのではない。

本当の「当り前」は、「自由」と「平等」なのである。そしてこの「当り前」は人間の心の底から求めている境涯であり、この現象世界には見当たらない。それは「神の国」という「絶対界」「実在界」にのみあるからだ。これこそが本当の「当り前」であり、当り前であるから、全ての人々はこれを求め続けるのである。

そのためには、先ず小さなことから、この真の「当り前」を実行することが肝要だ。ところが小さな間違いを平気で積み重ねていると、その習慣は次第に拡大して行き、空カン捨てでも段々と進歩向上し、自転車までも捨てるようになる。例えば一月七日の『讀賣新聞』には次のような記事がのっていた。

『六日午後八時四十五分ごろ、千葉市美浜区新港のJR京葉線千葉みなと―稲毛海岸駅間で、蘇我発東京行き上り快速電車が線路上にあった自転車に衝突、現場に立ち往生し、同線は約二時間、上下線とも不通になった。線路の両側には、高さ一・八メートルの金網が設置されており、千葉西署は、何者かが金網越しに自転車を投げ入れたとみている。』

このような〝捨てぐせ〟がさらに進歩上達すると、病院のドクターが手術をして、患者の体内に色いろな器具を置き忘れて、患部を縫合してくれたりする。こうして少年時代から練習してきた小さな〝捨てぐせ〟が、次第に大きな結果を生み出すものである。それ故平素から善い行為や善いあいさつの練習を積み、それが「当り前」となるようにしたいものだ。例えば『産経新聞』一月七日に、次のような投書があった。

『

徳山一夫　38

（大阪市住吉区）

茶道というものは、堅苦しくて、いったい何の役に立つのだろうかと思っていた。まして、男である私にとっては、まったく接点のないものだとさえ思っていた。

ところが、京都でのこと。あまりに寒かったため、とにかく寒さをしばらくしのげればいいや、という気持ちで茶室のあるお店に入った。中は当然、畳であり、周りの人に合わせて正座、お茶が出てくるのを待った。

お茶の礼儀作法をみんなが知っているのかどうか、それぞれが思い思いにお茶に向かっているように見えた。

そんな中で、ひときわ目を引く女性がいた。もてなしてくれた人に対して、礼をしたその姿に感動してしまった。人の心を動かす礼だった。私だけがそう感じたのかと思いきや、あちこちで称賛のざわめきが起こった。

そして、茶室の狭い空間の中にさわやかな空気が広がるとともに、私の心を温かくしてくれた。日々の生活の中、鈍感になっていた五感が、目を覚ましたようだった。

日本の伝統文化は、日常とかけ離れているものではなく、現代の暮らしの中に、ちゃんと生きているのだと痛感した。（会社員）』

このように一礼するその姿にさえも、人々に感動を与えるものがあるのは、その奥に心のこもった練習の積み重ねがあるからだ。人と人との間には礼儀やあいさつがあるのが「当り前」である。これをしないで、無言や失礼なことばかりを繰り返して、貴重な人生を浪費してはならないのである。

＊『自然流通の神示』＝谷口雅春先生が昭和八年に霊感を得て書かれた言葉で、この神示の全文は『新編 聖光録』『御守護 神示集』（いずれも日本教文社刊）等に収録されている。

＊実相＝神によって創られたままの本当のすがた。

Ⅱ「ありがとう」は美しい

1　感謝について

迷惑を与えない

最近の青少年は、「ありがとう」という言葉を使いなれていないようだ。例えば道を歩いていても、自分の行きたい方向へドンドン歩いて行って、相手とぶつかりそうになる。相手がぶつかるのをさけて、ちょっと立ち止まっても、何の挨拶もなく平気で通りぬけて行く。こういう時は、道をゆずられた方が、相手に対して会釈《えしやく》をするとか、「ありがとう」とか「どうも……」とか、何とか〝感謝の気持〟を表わすのが当り前である。ところがどう勘違《かんちが》いしているのか、その挨拶が消えうせて、あやういところで切りぬけて行くが、テクシーでなくてもしタクシーや車なら、交通事故になるところだ。ヒヤッとすることもある。このヒヤッとすることがストレスとなって重なり、ストレス病やブツブツがどんどんふえるのだ。関西では「すみません」という挨拶が多いが、関東あたりではそれはあまり使われない。よほど相手の足をふんづけたとか、泥《どろ》をハネ飛ばしたとかいう時には使うが。その代わり江戸では昔からお互いにすれちがう時は、傘をかたげたり、道をあけてあげたりし合って、相手をかばって迷惑を与えないようにしたものである。これをしないでボヤーッと自分勝手に歩いて来る人は、軽蔑《けいべつ》されたものだ。少なくとも江戸人や東京人ではないと見なされた。自転車に乗って歩行者の間をツバメのようにすりぬけて行く人間などは「危険人物」であること、今も昔も変わりはない。その極端なものが、平成七年三月三十日に警察庁長官をピストルで撃って自転車で逃げて行った〝一八〇センチの男〟であり、さぞ高速力で走り去ったことだろう。勿論《もちろん》彼には「すみません」の一言もなく、自分たちの〝利益〟のことしか眼中《がんちゅう》にないところの殺人未遂《みすい》犯だったのである。

ところで生長の家では、どんな人にも感謝することを教えている。これはやさしいようであって、実は中々むずかしい。「あいさつ」や会釈をすることの出来ない人々がふえている現在だから、なおさらのことだ。感謝するということは、ブスーッとした顔をしたままでは出来ない。心がまず顔付にあらわれて来て、コトバになるからである。平成七年四月四日の『産経新聞』に、こんな投書がのっていた。

言葉の力

『「まさきの実はじけて落ちてままごとに」

小学四年生だった私が国語の授業で初めて詠《よ》んだ俳句です。この時、担任の先生は「小学生が作ったとは思えない。だれか大人が詠んだものに違いない」とおっしゃったのです。

小学校の中庭にちょうど朱色の実をつけている木があって、「まさき」という札《ふだ》がかかっていたのを見て作った、と私はありのままを述べました。しかし、先生は信じてくださいませんでした。

三十代になって短歌のサークルに入り、盗作がいかに卑劣な行為であるかを思い知るようになりました。そして、自分の作品でありながら、五十人以上の同級生を前にした教壇の上から、盗作だと言われたことを「ひどい」と思いつつも、抗議するすべもなかった当時を思い、だれももう覚えていないだろうとあきらめておりました。

ところが、昨年のクラス会で同級生のK君が「あの時、先生は盗作だと言われたが、僕は君が作ったと信じていた」と、すらすらと私の句を暗唱したのです。

私は初めて知りました。小学生にとっても、盗作ということがいかにショッキングなことだったのかを。私は、他人の作品を自分のものだと言えるずるい人間にされていたことを。その学年で私が一時期、遊び友達に仲間外《はず》れにされたのは、これと関係があったのだろうかと、いじめられるわけが分からずに随分悩んだことを改めて思い出したりしました。（主婦）』

こんな風に先生の一言が生徒を苦しめることもある。しかも〝よい子〟を〝うそつき〟ときめつけて「盗んだ」とされるのだから腹も立つだろう。これは歩道の上で足をふんづけられた相手（大人）に腹が立つ以上であり、しかも長期間だったことは、まことに気の毒だ。大人も子供も、こんな〝悪い言葉〟を使わないようにしよう。それどころか、

「すばらしい、よく出来たね」

とほめていたら、この投書の人もきっと喜んだろうし、教師の人格も一《ひと》きわ光り輝いて、他の生徒達も満足したにちがいないのである。

ところで問題は、こんなヒドイ先生にでも感謝するのか——ということである。丁度、殴《なぐ》った相手に、殴られた方が「ありがとう」とは言えないようなものだ。それでは「目には目を、歯には歯を」ということで、感謝などしなくてよい、強い者勝ち、それが当然ということになってしまうだろう。これでは何の解決も進歩もありえない。だがイエス・キリストはこう教えられたと聖書には書いてある。

『「目には目を、歯には歯を」と云《い》えることあるを汝《なんじ》ら聞けり。されど我は汝らに告《つ》ぐ、悪《あ》しき者に抵抗《てむか》うな。人もし汝の右の頰《ほお》をうたば、左をも向けよ。なんじを訟《うった》えて下衣《したぎ》を取らんとする者には、上衣《うわぎ》をも取らせよ。人もし汝に一里《いちり》ゆくことを強《し》いなば、共《とも》に二里《にり》ゆけ。なんじに請《こ》う者にあたえ、借らんとする者を拒《こば》むな。「なんじの隣《となり》を愛し、なんじの仇《あた》を憎《にく》むべし」と云えることあるを汝等《なんじら》きけり。されど我は汝らに告ぐ、汝らの仇を愛し、汝らを責《せ》むる者のために祈れ。これ天にいます汝らの父の子とならん為《ため》なり。

（マタイ伝五ノ三八—四五）』

つまり人々は〝汝らの父〟神様の子（父の子）であるから、仇をするもの、敵対して殴ったりする者をも愛し、彼らのために祈れと教えておられるのである。だから右の頬を殴られたら、左の頬も打たせよというのは、形だけそうせよというのではなく、「ありがとう」と口には言わなくても、感謝の心で（愛して）やれ、それが「神の子」の本当の姿だと教えておられるのである。

ありがたい毎日

このように、愛と感謝の教えは、本当は実行が大変難しい。難しいけれども、それができるのが「神の子」の無限力なのだ。しかもその「神の子」が本当のあなたであり、私達全てのものである。それを信じ、愛をあらわし出す練習をし、全ての人々に感謝ができるように実践しよう、とにかく始めようではないか、というのが生長の家の生き方である。

だから、生長の家の『大調和の神示』*には
「神に感謝しても天地万物に感謝せぬものは天地万物と和解が成立せぬ」

と書かれていて、全てのものに感謝することが和解だと教えられているのである。

それではこの〝難しい〟と思われることを実行するには、どうしたらよいか。ピアノでもヴァイオリンでも、〝難しい名曲〟を練習するには、先ず最初は、やさしい練習曲からはじめるだろう。これが全ての練習や学習の根本原則である。では〝感謝〟にしても、先ずやさしい感謝の練習曲からやればよい。仇や敵のような難しいものに、すぐ感謝するのは、もっとあと回しにしてもよいのだ。例えば平成七年四月七日の『産経新聞』には、こんな投書がのっていた。大阪市の東端さんという人の一文だが、

『私が聴覚《ちょうかく》を失って、二十二年がたつ。私自身の不自由さより、話し相手になる主人に迷惑をかけてはいまいか、という思いが強い。

夕食の一時《ひととき》、一日の出来事からその日見たテレビ番組の内容まで、面倒くさがらずに筆談で〝会話〟をしてくれる。主人は「自分が書いてやらないと、情報不足になる」という。「おーい、ちょっと」が通じないもどかしさ。本当にすまなく思っている。これは、近所の奥さん方、友達にもいえる。親切にいつもメモ帳と鉛筆持参で〝話して〟くださるので、本当に助かる。理解のある主人とご近所の奥さん方に囲まれて、私は幸せだ。

主人の休日には、体調に合わせて日帰りのバス旅行をしたり、四季折々の花を求めてあちこち出歩いたりする。

来年、結婚四十周年を迎える。記念になる旅行をしたいと考えている。』

こんな深切な人々には、感謝ができるだろう。感謝したら、それを何かコトバや態度で示すことを、まずやることだ。これは誰にでも出来るはずで、ダマッタままではいけない。必ず感謝を表現する練習をしよう。次にこの文章をよめば誰でも分かるように、耳が聞こえる、目が見えるということは、とても有難いことである。ところが多くの人は、その「当り前」のありがたさに感謝していない。これでは感謝が上達しないだろう。練習不足で、とうとう「感謝することがない」などと、とんでもないことを言い出すのだ。だから手も足も、目も耳も二つあることには感謝しよう。それを毎日神想観をするときに、心で思い念《ねん》じ、「ありがとうございます」と心で言えばよいのである。

父母と御祖先と……

さらに皆さんには誰にでも御祖先がある。この御祖先がなければ、あなたは今ここに生まれて来てはいないのである。沢山ある直系の御祖先の中の、一人でも欠けると、あなたは今この世に生まれて、この身体をもって生活していないことになる。だから、目や耳や手や足に感謝するなら、御祖先にも感謝できないはずはない。だから毎日御祖先のお祀《まつ》りしてある仏壇か神棚の前で、『甘露の法雨』*などのお経を誦《あ》げて、感謝しようではないか。これも必ず誰にでも出来る〝練習曲〟である。

さらに直系の御祖先といっても沢山あるが、その一番身近な人が父母である。もし父母がいなければ、あなたはこの世に、この身体で生まれては来なかった。だから当然父母には感謝できるし、感謝するのが当り前である。あなたの目や頭や手や足に感謝することが当り前のように、先ず父母に感謝しよう。そしてその感謝をコトバや笑顔に表現するのだ。とりあえず、朝おきたら、「おはようございます」の挨拶をしよう。「おはよう」だけでもよい。ブスッとして言うのではなく、ニコニコ顔で明るく言うのだ。これが父母に感謝するという〝練習曲〟である。さらに夜は「おやすみなさい」とあいさつする。これも誰にでも出来る〝ノクターンの練習曲〟である。

こういうことをやっていると、次第にどんな人にも感謝ができるようになる。そしてとうとう「天地一切のもの」に感謝が出来るようなオーケストラを演奏できる名人の位に達するのだ。それを一足《いっそく》とびにやろうとしても、それはちょっと難しすぎて、やらないうちからあきらめるという結果になる。いつまでたっても、敵や仇が「なぐってくる」か分からないといったビクビクの生活を送ったり、友人のイジメになやみ苦しんだり、人の噂《うわさ》や陰口にビクついたりするような、みじめな暮しになってしまうのである。

さらに天地一切のものは人間ばかりではない。犬や猫や、植物、動物と色々ある。その沢山のいきものや物にも感謝するのだが、先ずやりやすいのは、毎日たべる食事だ。これがないとお腹が空《す》いて、フラフラになる。それを食べるのだから、毎日感謝して食べるのは誰にでもできる。だから食卓についたら、食事に感謝して（合掌するとよい）、お礼を言ってからたべる練習をはじめよう。そして終ったら再びお礼を言って終る。つまり、

「いただきます」と「ごちそうさま」を言えばよい。そうすると食事に好き嫌いがなくなってくる。今は何でもたべられる結構な時代だが、昔の戦争中や戦後の欠乏時代には、中々たべるものがなかったものだ。そんな時はイモでもカボチャでもありがたく食べた。コンニャクばかり食べて、栄養失調になった人もいるくらいだ。大根も葉を食べるのは当り前だ。イモでも皮までたべると食物繊維があって、健康のためにはとてもよろしい。これらも全て感謝して食べることである。

さらに大小の排便にも感謝する。これが出ないと、とても困るし、苦しくてたまらない。だからその便所にも感謝しよう。キタナイなどと言って軽蔑してはいけない。タレ流しや、立《たち》小便などはもっての外《ほか》である。便所《トイレ》があるから、安心して用が足《た》せる。それに感謝して、お礼を言う気持でよごさずに立ち去るのだ。それはレディーやジェントルマンに成長するための当り前の〝練習曲〟であり、あとで「手を洗う」というのも、感謝のあとの〝ごあいさつ〟の一つである。

さらに便所掃除となると、これはかなり中級以上の〝練習曲〟となるが、感謝に上達したら、そこまでやるのはとてもよいことだ。しかしその前に、先にのべた数々の初歩的〝練習曲〟はやっておかなくてはならない。何でも練習には順序や段々がある。一足飛びに、友達に殴られたから、もう一つの頬を殴ってもらおうと思ってさし出しても、……ちょっと差し出すことが難しい……ということになり、これでは口先でいくら「人類」とか「平和」とかといってもカラ念仏に終るのである。

＊『大調和の神示』＝生長の家創始者・谷口雅春先生が昭和六年に霊感を得て書かれた言葉で、この神示の全文は聖経『甘露の法雨』『生命の實相』（頭注版・第1巻）『新編 聖光録』『御守護 神示集』（いずれも日本教文社刊）等に収録されている。

＊『甘露の法雨』＝宇宙の真理が分かりやすい言葉で書かれている、生長の家のお経。詳しくは、谷口清超著「『甘露の法雨』をよもう」参照。（日本教文社刊）

2　「青い鳥」はどこに

全部消えても残る

平成十三年の秋のある木曜日のこと、生長の家本部が定休日だったので、私と家内*は雅宣ご夫妻*の案内で、八ヶ岳近辺の静かな森に行って休息した。私はその頃やっと使いはじめたデジタル・カメラと文庫本一冊を持って行った。しかしデジカメの方は、未熟のため、失敗作が多くて、ほとんど消去してしまった。（このデジカメは今使っている以前のものだ。）

デジタル・カメラの長所は、写してもすぐ消せる点であって、全部消してしまうことも可能という美点がある。それでは何も残らないではないかというと、それだけ電池が減ったという欠点と、練習ができたので、次からはもっとうまく使えるという美点が残る。これは楽器の練習でも同じことで、いくら音を出しても音はすぐ消えるが、毎日練習していると、次第に上達して、「次からはもっと上手に弾ける」ようなものだ。

　この人生も、それと同じで、毎日熱心に仕事や勉強をしても、死んでしまえば何も残らない。ただ灰や骨が残るだけ――と思うと間違いで、努力しただけの「何か」が残るのである。それはカメラや音楽で練習した時と同じことで、何かが「上達している」のだ。熱心にやればやるだけ、上達している。骨や灰が変化するのではなく、〝魂〟が上達して、〝本当の魂〟に近づいてゆくのだ。

　〝魂〟というと何だろう？　見えないし、手にもふれないではないか――というかも知れないが、世の中には見えないもの、手にふれないもの、聞えないものなどはいくらでもある。人々の〝愛〟でも、見えないし、聞えないし、手でふれることも出来ない。しかしたしかにアルのだ。〝知恵〟でも同じことだ。いのちでもそうであって、肉体の心臓が止まっても、脳波が出なくなっても、〝魂〟は生きていて、不死不滅なのだ。〝魂〟とか〝霊〟というのがそれであって、その〝魂〟が上達すると言ったのは、本当のいのちなるものの無限性、「神の子・人間」と言われる「本当のいのち」の自覚が深まるということである。神とか仏とかと言う絶対的ないのちも、見えず、聞えず、手にふれることは出来ないが、実在するという自覚がさらに深まると言うことである。

中庸の徳

ところが帰宅したその翌日、私の持って行った文庫本が見当たらない。どこか自宅に置いたのかと思って、書斎や寝室や、トイレなどあらゆる所を捜してみたが見つからない。もしかしたら乗用車の中に置き忘れたのかと思って捜しても、どこにも見つからなかった。森の中に忘れて来たのでもないのである。何故なら、帰り道に車の中で少しばかり読んだ記憶があるからだ。

その文庫本は、四冊続いている島崎藤村氏の『夜明け前』の中の一冊だから、それが欠落すると困るな……そう思いながら、ふと本部へ行くときいつも使っているリュックの一部を開いてみると、ちゃんと入っていた。ナイのではなく、アッタのだ。しかも他所に落したのでも、置き忘れたのでもなく、私の一番身近な所にあったのである。

有名なメーテルリンクの作品に『青い鳥』という戯曲がある。きこり小屋のチルチルとミチルの兄妹が、魔法使いの娘の病気をなおす〝青い鳥〟を捜すことをたのまれて、〝思い出の国〟や〝夜の御殿〟や、森や墓場や〝未来の国〟などを捜し廻るがどうしても見つからず、仕方なく帰ってくると、隣の家にその〝青い鳥〟がいたという童話劇である。

このように吾々の「捜しもの」は、自分の中や近くに、ちゃんとあるのに、遠い所や未来ばかりを捜し求めて、ナイ、ナイ、足らないなどと叫んでいることがよくあるものだ。しかし本当は、既に全てが与えられている〝無限の富者〟、即ち「神の子・人間」だということを、私たちは色々な人生経験から知らされて行くのである。

例えばちょっとした指の傷でも、それがある間は、日常生活でも不自由だろう。顔を洗ったり、風呂に入った時でも、傷ついた指に気をつかい、水が入らないように保護しなければならない。しばらくはそんな配慮をしながら、やっと傷が治ると嬉しいが、もともとその指は完全だったのだ。完全で健康な時はちっとも感謝せずに、治った時だけ「ありがたい」と思うが、しばらくすると、又その「ありがたさ」がどこかへ消えて行ってしまうのである。

つまり人々は「ありがたいもの」に囲まれて生きているというのが真実ではないだろうか。現代の日本は、昔の大戦争時代とくらべると、食物や衣類に恵まれて、ありあまる生活をしているが、戦争当時は〝何もない生活〟を強いられたものだ。米国のテロ中枢攻撃などで、アメリカは大変な被害をうけ、タリバンの攻撃などで神経と金銭と心を使い、さらにイラクで莫大な人命と国費を使っているが、今のところ日本はそれほどのことはない。むしろアメリカの困難の手助けをしようというくらいだが、それでも国内政界では重箱のスミをつつくような〝論争〟を繰り返している現状である。

昔の大戦時代には、「ほしがりません。勝つまでは」と、何でも我慢して、米の飯なども食べずに、いもやカボチャぐらいで我慢していた。ところが今は見事に負けてしまい、平和になったが「あれもほしい、これもほしい」の物欲時代となり果てたのだ。有名な孔子という聖人は、「中庸之爲德也、其至矣乎」（中庸《ちゅうよう》の徳たるや、それ至れるかな）と教えられた。中庸とは中正であり、〝当り前〟であり、〝ありがたい〟という心境を言う言葉である。

お前のせいだ

ところで平成十三年十月七日には、総本山の「全国青年練成会」で、山本一信《かずのぶ》さん（昭和四十五年十一月生まれ）が、こんな体験談を話して下さった。彼の現住所は愛知県岩倉市大山寺《たいさんじ》本町である。山本さんが生長の家にふれた切っ掛けは、父（慶介《けい》さん）からだ。中学一年生のころ、父はギックリ腰にかかってずっと入院していたが、練成会に参加してそれが治ったので生長の家を信仰しはじめ、練成から帰宅後、父は彼に、

「神想観を一緒にしよう」

と勧めるのだ。一信君は生長の家も神想観も全く知らなかったので、「オヤ？」と思ったが、ともかく父を見ならって神想観をするようにしたのである。

その結果一年生の冬に中学生練成会に参加したが、その時は大した感動もなくて帰宅した。しかし神想観だけは家でずっと続けていたというからすばらしい。何故なら「継続は

力だ」からだ。人によると神想観はどこか他所の会合に行ってやるものだと思っているが、それは大間違いで、自宅でもどこでも、やりやすい場所で、継続してやるのが大切であり、一週間に一ぺんとか、一ヵ月に一ぺんとかではダメである。脚が痛い人は、腰掛けてでもいいから、とにかく毎日やることだ。朝と晩と三十分ずつ二回やると一番よい。

そんなわけで山本君は高校一年生の時も、高校生練成会に参加し、生長の家高校生連盟*（生高連）に加入した。しかも高校二年生の時、生高連の委員長になったのである。こうして充実した高校生生活を送ることができた。やがて高校から大学、そして就職と何事もなく順潮な生活が続いたのであった。

ところが社会人となって二十三歳のころ、母（千代子さん）が癌にかかって五十歳で死亡された。これは当り前のことでもなく、家族にとって一大事だ。近ごろは癌に罹る人も多くなってきたが、これも一種の〝生活習慣病〟で、平生片寄った食事を取ったり、タバコを吸ったりしていると、なりやすいということが判明した。心にストレスがたまるとこれも具合がわるい。年寄りばかりが癌になるのでもないから、若いころから安らかで調和のとれた生活を送るように〝練習〟することが大切である。

そのころの山本さん一家は、母方の祖母と父と父の姉（伯母さん）と、一信さんとその妹の五人家族で暮らしていた。祖母は母（千代子さん）が一人娘だったためか、その死亡によって大変落胆された。そしていつも彼にこう言うのだ。

「おかあさん（千代子）は、お前のせいで身体をこわして死んだんだよ」と。

それを毎日、何度も繰返して言うのである。一人娘が死んだのを悲しむのは分かるが、それを自分（一信）のせいにされてはたまらない。祖母の言い分は、彼を大学にやるために、母がムリをして仕事を何回も変えて働いたからだという。しかしそんなことを理由にして、「お前のせいだ、せいだ」と言われるのはまことに心外である。そこで、

「うるさいな！　静かにしろ！」

と怒鳴って祖母と口論する。こうして家庭の中がギクシャクしだすと、たちまち彼の仕事にも影響が出て、上司との間もうまく行かなくなってしまった。そのころ彼はアパレル産業の営業をやっていたが、上司の目をぬすんで、サボルようになったのである。

中庸と全托

このようにして家庭の不調和は、仕事の面にもあらわれてくる。心が乱れて暗くなってくると、その暗い乱れた心が、肉体や環境に投影されるのが「心の法則」である。彼は十時出勤でも、ギリギリに出社して、タイム・カードを押し、一時間あまり必要最低限の仕事をして、十一時半ごろコッソリと近くの喫茶店に行って昼食をとり、マンガを読む。こうして午後二時ごろまで時間をつぶし、その後仕事を始めるのならまだしもだが、それからパチンコへ行ったり、マンガ本を見たり、車の中で昼寝をしたりといったダメ社員ぶりを発揮した。

これではとても上司とはうまく行かないし、仕事もはかどらない。しかも毎日ビールを飲んでフテ寝をする。ビールも一・五リットルから二リットルを飲むといった生活だった。こうなると、祖母との関係もますます悪化する。朝会社に出掛ける前、夜寝てからも、祖母はグチを言ったり、ああしろこうしろと非難する。

「ウルサイな！」
と反抗するのが日常生活となってしまった。家から出たいと思うのだが、まだ生長の家の教えが心の中にあったので、感謝行とか神想観をして、祖母と和解している自分を心で観ようと努めていた。つまり生長の家は大好きで、青年会*の活動は続けていたというから、この点はとてもすばらしい。何故なら「継続は力だ」からである。

一口に「継続」といっても、何を継続するかが問題だ。パチンコを継続したり、昼寝を継続したりしても力にはならない。ウソをつくことばかり継続していると、やがて大きなウソをついて、やがて仕事でも大失敗をして、遂に処罰されるということになる。これも「心の法則」によって、播いた種子が生えるからであり、善因善果、悪因悪果の法則が自働的に働くからだ。

しかし山本さんは生長の家の神想観や青年会活動を続けていたからよかった。だが一方家にいたくないという思いが昂《こう》じて、遂に車の中で寝泊まりするようになった。彼の家と駐車場とは歩いて二分程の距離だ。その二分が、どうしても家まで歩けない。足腰が悪いのではない。心がそうさせているだけである。大ていの不可能は、心が不可能にしているだけだ。その心のブレーキを取り去って、ニュートラル（中正）にすればよい。神想観の中で、全てを神様にゆだね切って、「よろしくね……」とおまかせすれば、それが中庸をもたらすのである。

さて毎晩のように車のシートを倒して寝た朝は、起きるとシャワーを浴びて、出勤するのである。勿論、シャワー付きの車ではない。家まで帰るのは、シャワーを浴びるためだったのだろう。そのころの彼は、とにかく「自分が救われたい」と思う一心だった。

継続は力なり

こうして何の解決もつかないまま、四年間の歳月が流れ去った。そのころ会社は平日が休みだったので、土日を利用して行われる全国青年練成会には、なかなか参加出来なかった。しかし青年会員の仲間からは、

「総本山はいい所だよ」とか、

「全国青年練成会はすばらしいよ」

とかと聞かされる。そのコトバの結果、彼は会社から休みを取り、平成九年度の青年練成会に参加したのである。こうして祖母のグチのコトバよりも、練成会の勧めのコトバの繰り返しが大変役に立ち、やがて救いとなるのである。コトバの力も、一回、二回はだめでも、何回も繰り返すことが「継続の力」を引き出すことを忘れてはならない。

しかしこの平成九年度の青年練成会に、彼は一泊二日だけの参加をしただけだったし、仕事や心の疲れもあって、決して真面目で受けたという訳でもなかった。しかしそれでも参加することに意義がある。彼は「参加した」という悦びをもって帰宅した。

さて帰ってくると、練成会はすばらしい、生長の家はすばらしい、何とかしてこの教えを人々に伝えたいという思いが胸にこみ上げて来たのだ。するとある機会から、会社の後輩のある女性が沢山問題を抱えていて、山本さんに彼女が相談するようになった。というのは彼女が父親をすごく恨んでいたのである。彼女が小学生の時、父と母が離婚した。そのため彼女は母親と同居するようになった。そして彼女は父を恨んだ。するとその心は母を恨むようにも広がり、母と娘の関係も崩れてしまった。彼女はその悩みを彼に打ち明けたのである。

一方山本さんは、生長の家のことを人に伝えたいという思いに満ちあふれていたので、

「両親に感謝しなさい。それが一番大切だ」

と一所懸命に話して『理想世界』*誌を渡したりした。しかし彼自身の問題は何一つ解決してはいなかった。こんな時、人はよく先ず自分の問題を解決してからでないと、他人に伝えられないと思い込んでいるが、決してそんな事はない。〝菩薩行〟というのは、渡し舟の船頭さんのようなもので、人々を彼岸に渡しても、まだ自分は渡らず、さらに此岸《しがん》に引き返してから人々を彼岸に渡すようなものである。あるいは又、山の分れ道に立てられた道案内の標示板のようなもので、ただ行くべき道を指し示すだけでもよい。悟ってからやっと標示札になれるというようなものではないのと同じである。

こうして一信さんはこの麗華《れいか》さんという女性と親しくなり、一年半付き合ってから、やがて彼女と結婚した。するとこれを機会に、一信さんの心には家族に対する感謝の思いが沸き上がってきた。一心に真理を伝えようとするその心が、彼の中にすでに与えられていた「愛」を甦らせたのである。「愛」とは人を幸せにしたいという慈悲の心であり、それが仏心であり、神の子の心だからである。

こうしてその結婚をきっかけに、彼の家族への思いが一変した。家族はありがたい、家庭はありがたい、と思うようになったのである。その家庭は以前から彼には与えられていたのだが、そこに「青い鳥」は待ちかまえていたと言えるだろう。そんな心になってくると、さらに家族の心も変化した。それまで妹さんが家を飛び出していたのに、十一月には結婚する話が決まり、六十歳になった父も、まだ元気に仕事をしておられるし、祖母さんも段々と落ち着いて来て、麗華さんと実母さんとの関係もよくなり、別れた実父さんを〝生存永代供養〟*に出し、一信さん自身も今では教化部の職員となり、教区青年会の事務局長として、光明化運動に大活躍をしておられるというすばらしい話であった。

＊ 家内＝生長の家白鳩会総裁・谷口恵美子先生。
＊ 雅宣ご夫妻＝谷口雅宣生長の家副総裁・谷口純子生長の家白鳩会副総裁。
＊ 生長の家高校生連盟＝生長の家の高校生で作られた組織。略して、生高連とも言う。
＊ 青年会＝生長の家の青年男女を対象とし、生長の家の真理を学び実践する会。
＊ 『理想世界』＝生長の家の青年向け月刊誌。
＊ 〝生存永代供養〟＝生存している人に対して、真理の言葉を誦し続け、円満完全なるその人本来の姿が顕現するように祈願する供養。生長の家宇治別格本山で受付け、生存中は総本山で祈願され、他界後は宇治別格本山に移して永代供養を受ける。

3　童話と人生劇場

コトバの力

新しい年が明けると、いつも新しい気分になる。どうしてだろう？　色々のお正月の行事があるからだろうか。行事といっても、行いのことだから、広い意味でのコトバである。
そして『聖経甘露の法雨』の中には、その「神」の項のところに、
『（前略）この全能なる神、
　完全なる神の
「心」動き出《い》でてコトバとなれば

一切の現象展開して万物成る。
万物はこれ神の心、
万物はこれ神のコトバ、
すべてはこれ霊、
すべてはこれ心、
物質にて成るもの一つもなし。（後略）』
と書かれている。つまりコトバから全てが創《つく》られる、全てが出てくるというのである。
神様の世界（実在界）もそうだし、その現れである現象界（仮の世界）もコトバで作られる。だから私たちが、
「新しい年になったよ」
と言えば、そうなるし、新しい気持で、色いろな行事（コトバ）を行うのだ。オトソを飲んだり、お雑煮を食べたり……そして、
「おめでとうございます」
と言うと、そんな気分になる。その反対に、

「何がおめでたいのか、バカめ！」

などと怒鳴ると、何だかいやな気分になって、心配ごとが次つぎに訪れてくる。そしてせっかくの〝新しい年〟に、病気になって寝込んだり、借金や夫婦の不和で苦しむのである。

この事実を昔から多くの人の知るところとなったから、皆が「おめでとう」と言い合うようになったし、年末にはいそがしい思いをして年賀状を書いたりしだしたのであろう。

このような祖先さまの智慧に従って、これから毎日、「おめでとう」とか「ありがとう」とか、「よかったね」、「すばらしい！」などというコトバをどしどし使っていると、そのような明るい、ゆたかで楽しい生活が現れてくるのである。例えばこれはお正月の話ではないが、随筆家の岡部伊都子さんが、平成十四年八月二十一日の『毎日新聞』にこんな話を書いておられた。

ほめられて

『今年は母が亡くなって、もう四十四回忌。母の誕生日も命日も共に五月の季節です。母あればこそこの世に生まれてきた私、日々刻々を感謝して過ごしていますが、その感謝の姿は、母が私に見せてくれていた日常の姿でした。

末っ子の私は虚弱体質で、母は「この子はすぐに死ぬ」と覚悟して、できるだけいたわって育ててくれました。私が小学校へ入って初めて書いた綴方《つづりかた》、といってもせいぜい四百字ぐらいではなかったでしょうか、担任の先生が三重丸をつけて返して下さったのを母に見せました。「そこに立って自分で読みなさい」と言われて心をこめて朗読。すると母は綴方をおしいただいて「これはもう二度と書けないもんやから、大事にしまいまひょな」と、しっかりした箱にしまってくれました。

私は自分が文章を書いたことで、母をこんなに喜ばせることができるなんて思ってもみませんでしたから、それ以来、心をこめて文章を綴ってきました。』

学校の先生が三重丸をつけて下さった作文を、おかあさんが「読んでごらん」と言って朗読させ、それを大切に拝んで、箱にしまって下さったという。こんなに母が喜んで、心から誉めて下さったことを、母の行動（コトバ）から知り、そのコトバが随筆家としての

将来を創り出してくれたという思い出である。さらに続いて曰く、
《女学校へ上がると間もなく大戦争時代です。結核になって休学、「天皇陛下の御為に喜んで死ね」という軍国教育。私の最も信頼していた次兄もすぐに戦死して、私は療養中も本ばっかり読んでいました。母は私の顔を見ると「又、生きてるのん厭《いや》や、死にたいという顔してるな」と気にしていましたが、ある日、「ゆんべ、ひどい夢を見たんや」と話してくれました。
「あのな、特高（特別高等警察）の人が来てあんたを無理に連れてゆこうとしはるねん。あてはびっくりして『この子は何にも悪いことしてしまへん。かんにんしとくれやす』と必死にあんたの足にすがりついたのに、あんたは冷たい顔して『ほな行ってくる』と言うのやで。なんであんな夢見たんやろ」と。当時求めてくる本には、各所に×××と抹殺個所が多いもので、母にとっては何が何だか分からないものでした。
物資も食糧も乏しく安心して暮らしていられない中でも、女性関係の多かった父にも礼を盡《つ》くし、友人、知人、親戚、出入りの人々みんなに優しく、差別なく大切にしていました。母の小さな者への敬意、まごころに今も包まれています。》

人生劇場

思えばあのころは、結核で死ぬ人が多かった。それに日支事変や大東亜戦争でも沢山の人が死亡した。けれども助かって、現在の物資豊かな時代を生きていられる私たちは、いくら感謝の言葉を繰り返しても、まだ足りないくらい天地の恵みに満たされている。

その上、「ありがとう」のコトバを発するには、大したエネルギーを要しない。一見病弱とか不遇とか言っても、それが反面において読書するチャンスとなったり、反省の材料となるのがこの「人生学校」なのだ。同時にこの学校は「人生劇場」とも呼ばれていて、芝居の筋書きと同じように、作者の書いたコトバ通りに展開して行く〝芸術作品〟である。しかもその作者は、皆さん方お一人おひとりであるところが実にすばらしい。

しかも主役も、観客も、みな〝自分自身〟であり、やがてこの〝芝居〟も終りが来て、一同は「人生劇場」の「楽屋《がくや》」に引きあげて行く。楽屋に入ると、舞台で死にかかった病人を演じた人も、討死《うちじに》した人も、「ああ、腹が減った」とか言って、うな丼を食べたりする。生きているのである。

アンデルセン

そのように人は、肉体が死んで一巻の終りとなっても、いのちは生き通している。永遠に生きているから「神の子・人間・不死・不滅」というのである。さて有名な童話作家に、ハンス・クリスチャン・アンデルセン（H.C.Andersen）というデンマーク人（一八〇五年―七五年）がいて、「即興詩人」のほか、一五〇以上の童話を書いた。この作家の童話は「おやゆび姫」とか「マッチ売りの少女」や「おじいさんのすることに間違いはない」などいろいろと有名だが、その中の「マッチ売りの少女」には、何となく「人生劇場」らしい構成が出ている。その主な筋書きは――

雪の降る、とても寒い夜、大《おお》みそかの晩のことだ。ひとりの幼い少女が、帽子もかぶらず、はだしで町を歩いていた。さっきまでは大きな木靴をはいていたが、ぬげてしまったのだ。

ふるぼけたエプロンの中には、沢山のマッチを持ち、手にも一たば持って、それを売っていた。が今日はだれも買ってくれない。おなかは減るし、寒くてたまらない。髪の毛には雪がつもる。二軒建っていた家の間に入って身をちぢめてうずくまった。しかしまだ一個も売れないから、家へは帰れない。少女は手がかじかむので、マッチを一本すって、指先を温めた。あたたかい炎はまるで小さいローソクの火のようだ。彼女はフトきれいに燃えているストーヴの前にすわっているような気がした。

少女は足も温めようとしたが、マッチの火が消えて、ストーヴも見えなくなってしまった。そこで新しいマッチを出してすった。あかるい光が側の壁を照らした。それがすき通って、中にテーブルが見えたような気がした。テーブルの上にはおいしそうな焼きガチョウが湯気を立てている。そのうちガチョウが床の上を歩き出して、こっちへやって来る。その時マッチの火が消えた。

彼女は又新しいマッチをすってもやした。きれいなクリスマス・ツリーの下にすわっているような気がした。沢山のローソクが緑の枝の上で燃えている。美しい絵も見えた。少女が両手をのばすと、そのとたんにマッチがもえつきた。クリスマスのローソクも、彼女の目にはそれが明るい星になった。そして一つの星が落ちた。

少女は昔自分をかわいがってくれたおばあさんが、星の一つが落ちると、一つの魂が神さまのところへ昇っていくと教えてくれたことを思い出した。また一本のマッチをすった。するとその明るい光の中におばあさんが立っていた。いかにもやさしく、幸せそうに光り輝いていた。少女は叫んだ。

「わたしをつれていってちょうだい!」

彼女は大いそぎで、残りのマッチを全部すった。おばあさんは、美しく輝いて、少女を抱き上げた。そして二人は光と悦びにつつまれて、高く高くのぼって行った。ふたりは神さまのみもとに、召されたのだ……寒い朝になった。少女は口もとにほほえみを浮かべて死んでいた。新しい年の太陽がのぼり、人びとが集ってきた。

生と死と

『だれも、この少女が、どのような美しいものを見たか、また、どのように光につつまれて、おばあさんといっしょに、新しい年のよろこびをお祝いしにいったか、それを知ってる人はいませんでした』(『アンデルセン童話集第二』大畑末吉訳・岩波書店版・七一頁)

このように人の一生は、マッチが燃えているあの短い間のようなものだ。しかしただそれだけで終るのではない。次のマッチをすることができる。するとその間に美しい次の人生が現れてくる。そしてさらに又次の人生がと、限りなく続き、そのくわしいストーリーを前もって知る者は誰もいないのである。しかし全ての人はみな「神さま」のみもとに召される「神の子」だ。「神の子」でないものが、どうして神に召されたり、神となったり、仏となることができるであろうか。

アンデルセンはそこまでは書いてない。しかしまたあの「おじいさんのすることに間違いはない」という童話には、夫婦のとても美しい生き方が書いてある。〝おじいさん〟のことを大畑さん訳の童話集には〝とうさんのすることはいつもよし〟と訳してある。夫婦の間では、夫のことを〝おとうさん〟とか呼んで、妻のことを〝おかあさん〟と呼び合ったりする。年とると〝おじいさん〟〝おばあさん〟と呼ぶ人もいるかも知れない。

どう呼ばなければならないということもないが、私は八十一歳になる妻を「おばあさん」

とも「母さん」とも呼んだことがない。妻もまた八十五歳の私を「じいさん」とも「父さん」とも呼ばない。「あなた」と呼ぶから、まるで新婚ホヤホヤのようだ。私も彼女の名に「さん」をつけて呼んだり、ふざけて〝エミコ先生〟と呼ぶこともある。

さてアンデルセン（デンマーク語ではアンナセンというそうだ）のこの童話の筋は（よくご存知かも知れないが）次の通りだ。

あるところにお百姓とおかみさんの夫婦が住んでいた。もち物はほんの少しだったが一頭の馬がいた。とうさん（夫）は、もっと何かと取りかえようと思って町へ乗って出かけた。おかみさんも「とうさんのすることは、いつだっていいもの。さあ、まちへ行っておいで」とすすめてくれた。

かんかん照りの道を行くと、ひとりの男が立派なめ牛を追ってきた。お百姓は「きっといいミルクが取れるだろう」と思って、自分の馬とめ牛とを取りかえっこした。用がすんだので、見るだけでもいいからと思い、市場《いちば》へ出かけた。

するとヒツジを一頭つれた男に出あった。よく肥えた毛なみのいい羊だったので、お百姓はさっき取りかえため牛と羊を取りかえた。次に大きなガチョウを腕にかかえている男と出あった。羽もあぶらもうんとこさあるな、と思った。ばあさんもいつか「ガチョウが一羽ほしい」と言っていたことを思い出し、そのガチョウと羊とを取りかえたのだ。

それでも夫を信じるか

町に近づくと人が一ぱいいた。やがてジャガイモ畑の中に入ると、尾のみじかいめんどりがつないであった。めんどりは片方の目でウィンクして、「コッ、コッ」と鳴いた。お百姓は今までこんな美しいめんどりを見たことがない、そう思ってガチョウとめんどりとを取りかえた。暑くなって疲れたので、一ぱいひっかけて、パンも一きれほしいなと思った。近くに居酒屋があったので、そこへ入ろうとすると、中にいっぱいつまった袋をかかえた男と出あった。

「おめえさんのもってるものは何だね?」

「いたんだリンゴだよ。ひと袋、ブタにやるのさ」

そこでお百姓のじいさんは、そのくさったリンゴ一袋とめんどりとを交換した。そして居酒屋に入ると、リンゴの袋を暖炉に立てかけた。中には沢山のお客がいた。二人のイギリス人がいたが、お金持ちで、ポケットには金貨がはち切れそうだった。フト気がつくと、暖炉のところでリンゴが焼けていた。イギリス人が、

「なんだね、あれは？」

ときくので、じいさんは今までの取りかえっこの話をした。するとイギリス人は言った。

「いやはや、おまえさん、うちへ帰ったら、おかみさんに、せっかんされるぜ」

じいさんは答えた。

「おら、せっぷんされるけど、せっかんされるではねえでがす。うちのばあさんはいうにきまってるだ。とうさんのすることは、いつもよしってね。」

「では、かけをしようじゃないか。たるで金貨を量《はか》ろうよ。百ポンドが一スギプン（約一六〇キログラム）の割だよ。」（二〇三頁）

では金貨はリットル桝《ます》一ぱいで充分だ。リンゴもリットル桝山盛り一杯でいいか。よろしい、承知した、というので話がきまった。そこで皆は居酒屋の主人の馬車に乗って、お百姓の家にやってきた。そしてじいさんはばあさんに、今までの経過を次々に話してきか

せると、おかみさんは「そりゃ、たしかに、なおさらいいじゃないか」といい、羊も、ガチョウも、めんどりも……そして腐ったリンゴの袋と取りかえたよと話した。すると、「ありがとうよ、おまえさん！　じつはこういうわけなの。けさ、おまえさんがでかけたあと、おまえさんのために何かうんとおいしいものをつくってあげようと思ってね。ほら、アサツキ入りのオムレツさ。卵はうちにあったけれど、アサツキがなかったもんだから、むかいの校長先生のところへいったんだよ……ところが、あのおくさんときたら、しみったれなんだよ……どうか、貸してください、とたのむとね、貸すんですって？　とおくさんはいうんだよ。おまえさんたちの畑には、なんにもできないじゃないの。腐ったリンゴ一つありゃしないんだもの。あったって、貸すことはできないよと、こうなのさ。……なに、袋にいっぱいだって、貸してあげられらあね。おもしろいじゃないか、とうさん！」

（二〇五―六頁）

こういってじいさんの口にせっぷんをした。こうしてせっかんではなくて、せっぷんをもらったお百姓に、イギリス人は一スギプンの金貨を支払ったという話である。いつも夫のすることに間違いなしと言っているおくさんには、最後にはすばらしいごほうびが出るという、夢のような本当の話である。どうです。あなたも、これをやってみませんか。

Ⅲ　讃め言葉の功徳

1　盗ったり拝まれたり

繰り返しの人生

一口に「勉強」というと、多くの若者は、堅苦しくていやな〝試験勉強〟を思い出すかもしれないが、本当は「練習」のことである。生長の家には各種の〝練成道場〟があるが、〝練成〟といってもよいだろう。才能や力を伸ばすために〝練習〟することだから、スポーツの練習のように、本当は楽しいものである。スポーツ以外でも、本当に楽しむためには、繰り返して行うことが必要で、一回かぎりでOKというわけには行かないものだ。

そこで人がこの世に生まれてくるのも、一回限りではない。よく「一回限りのいのちだ」

という人もいるが、その証拠はどこにもない。

「でも、生まれる前の生活なんて、何一つ憶《おぼ》えていないよ」

というかも知れないが、それは今の吾々《われわれ》の脳の中には、その記憶がないというだけのことだ。脳の中の記憶がなくなることはいくらでもある。ひどいショックを受けて記憶喪失症になる人もあるし、老人になって痴呆症になると、自分の子供や孫に会っても、それが肉親だと分からず、

「あなたは、どなたですか？」

などときくこともある。パソコンの中に記憶させた文章でも、キーの押し間違いで、パッと消えてしまうことだって経験するだろう。肉体も人間の魂の使う道具だから、ある程度のショックがあると、記憶は消えるのだ。肉体を捨てて、あの世に旅立つ（つまり死ぬ）となると、大きなショックをうけるから、記憶がなくなるのは当り前といえるのである。

さらに又、この世には〝繰り返し現象〟というのがあって、一日は二十四時間、朝昼晩が繰り返す。さらに一週間は日月火水木金土と、毎週繰り返すだろう。その上、一年ごとに正月が来たり、夏至になったり、冬至になったりが繰り返される。

これは地球の自転や太陽への公転等によるものだが、とにかく〝繰り返し〟が続々と起る。ところが「生まれる」のだけは一回限りというのは、例外であり、それが正しいという理論的根拠は、何一つないのである。

効果的練習

さらに又、「魂なんてないよ」という人もいるが、ないという証明も何一つない。ここにいう魂とは、人間の本当のいのち、主人公として人間、〝霊〟、人格、本質、本性といったもので、肉体という道具の〝持主〟のことである。

「見えないし、測定できないから、ナイのだ」

というのも不合理である。大宇宙の彼方《かなた》は見えないし、測定もできないが、ナイのではないだろう。現にブラックホールというのがあると言われているが、それは巨大な重力の場で、太陽の重量の何万倍かするところは、（それ以下でも）光が重力によって閉じこめられて、外部には届かないのである。本当にアルいのちも、見えないのだということを知らなければならない。愛でも、智慧《ちえ》でも、その本体は見えないのである。

そうしたいのちや、智慧や、愛は、人間の本質であるから、皆ゆたかに持っている。それを人生という学校に生まれて来て、何回も練習して表現し、大いに楽しもうというのが「この世に生まれる」とか「あの世に生まれる」とかの意義である。こうして「内在の無限力」を表現する練習をするのが、人生学校の共通課題だ。それはサッカーや野球の練習をする以上に面白く、そのやり方も千差万別、多種多様なのである。

これが人生体験というものだから、どんな体験でも、全てが「勉強」であり「訓練」であり、「練習」だ。この体験には意味があり、何かとても大切なことを教えていてくれている。吾々人間の魂を向上させ、本性のすばらしさを現し出してくれるものがある。

しかし全ての練習は、正しい監督やコーチについて練習するのと、自分勝手に練習し、好き放題なことをやっているのとでは大変ちがってくる。好き放題では中々上達しないことは誰でも分かるだろう。だから「面白そうだから」とか「スリルを味わいたい」というだけでやると、上達がおそく、怖い目にあったりすることもよくある。例えば平成十一年五月三十日の『毎日新聞』には、〝犯罪都市〟と題して、こんな記事がのっていた。

『「いやあ、やられた、参ったー」。服部さん（29）＝仮名＝が長髪をかき上げながら戻ってきた。服部さんは南アフリカに着いたばかりの旅行者だ。「黒人街の理髪店に行ってみたい」というので、知人、ボミさん（37）＝同＝を紹介した。

2人は1軒目で「直毛は切れない」と断られ、2軒目に向かう表通りで2人組に襲われた。「目つきが悪いなあ」と服部さんが思うや、大男が銃を突きつけ、小男が服部さんの財布から現金900ランド（約1万8000円）を奪った。

ヨハネスブルク郊外のソウェト。よそ者が行き交う中心街に比べれば古くからの定住者が多く安全な町だ。だがここ数年、新参者が出入りするようになり、治安が悪化している。同じころ、日本人の取材者が撮影中、足を撃たれカメラを奪われている。

ヨハネスブルクは世界一の暴力都市などといわれる。「怖い目に遭ってみたい」と言っていた服部さんは「まさか初日に遭遇するとは」「歩き始めて10分ですよ」と興奮気味に話す。

一方のボミさんは恐ろしい形相で一点を見据えている。外国の客人を接待中に襲われる、という日本では有り得ない日常がこんな顔にさせるのか。ボミさんの弟も2年前にわずかな金を狙われ刺し殺された。

それから3ヵ月、ボミさんの表情が予見したように、事件は恐ろしい形で終わった。ソウェトの新参者で一帯を荒らしていた2人組の1人は、悪事ざんまいの末、町内で取り押さえられ、女性を含む町民20人に撃たれ刺し殺された。もう1人は重体のまま警察に引き渡された。白昼の路上、大男の方は両目をくりぬかれ逃げ惑ったという。（後略）』

世界中には色々怖いところや、危険が一杯の場所もあるから、どんな旅行をしても、先輩や先覚者の良心的忠告には従った方がよいのである。

保護司と母の忠告

そのような訳で、人はこの世に生まれて来る時、人生学校で学ぶ（練習する）のに丁度ふさわしい父母の所に、ひとりでに生まれてくるものだ。つまり「業が似ている」父母の所に生まれてくる。〝業〟とは、ずっと以前から続いた人生での「成績表」みたいなものである。だから父母というコーチや監督の言うことを素直にきいた方が、上達が早いし、楽しい人生を送れるのが原則である。しかしその忠告や助言を「うるさい小言だ」と思いこむと、反抗して、とんでもなく「怖い目にあう」こともよくあるのだ。

例えば平成十一年五月十六日の宇治別格本山での練成会で、Tさんという十六歳の女の子が、こんな体験を話して下さったことがある。彼女のお母さんは、彼女が一歳七ヵ月の時お父さんと離婚してしまった。だからTさんは小学校三年生のころ、一回だけ父にあったことがあるが、父についてはほとんど何の記憶もないという話だ。

一人っ子の彼女は、小さいころからお母さんと喧嘩ばかりしていた。母の言うことをきかず、手伝いをしないといって、叱られた。やがてTさんは我慢できなくなり、中学三年生のころから夜遊びをしだし、段々エスカレートして、家出をするようになった。すると四六時中閑《ひま》だから、色んな遊びを憶える。シンナーを使ったり、バイクを盗んだりして、それを乗り回した。

しかしたまに本心が顔を出すらしく、家に帰ろうかと思い、家に帰ると母と喧嘩ばかりし、又もや家出をするという繰り返しだった。すると母はとても彼女のことを心配して、児童相談所に行って相談してくれたので、そこからTさんに呼出しがかかった。Tさんが行ってみると、そこに「十日間ほどおれ」というので、十日間ほどいた。

母は彼女が相談所から出てきたら、もと通りのよい子になるかと期待したようだが、又同じように遊びほうけた。そんな繰り返し現象は面白くはないものだが、やがて家庭裁判所から呼び出され、保護観察処分ということになり、保護司が付くことになった。しかしそれからも家出や夜遊びを繰り返した。やがて少し落ち着いたころ、保護司さんから、

「一回、宇治の練成会に行っておいで」

と忠告された。それを聞いても、生長の家の練成会とはどんな所かさっぱり分からない。どんな宗教かも分からない。だから絶対行きたくないと頑張った。しかし母に相談すると、

「どんな所でもいいから、一度行っておいで」

と言う。そこでTさんも練成会へ行ってみることにしたのだ。やはり彼女の本心が顔を出して「お母さんの言うことを聞いてもいいかな」と思い出したからである。

拝まれた

さて宇治別格本山へ来て、練成会に参加したが、Tさんは何が何だか分からない。どう

しようかなと思って、この練成会でできた友達とずっとしゃべっていると、その時友達が、

「ここでは、朝の早朝行事の時に起きんかったら、拝まれるで」

というのだ。

「そんなん、うそや！」

と思った。怠けていて拝まれるとは信じられなかったからである。ところが二日目ぐらいまでは、朝でもずっと寝ておれたが、三日目ぐらいの朝、早朝行事の途中でフッと目がさめた。ふとんが顔の半分ぐらいまでかかっていたので、目をあけると誰かがそこに坐っている。

「ワーッ、誰やろう？」

と思ったが、どうしたらよいのか分からない。知らんオジサンが拝んでるわ、と思ってあわてたが、実は長田講師だった。しかしその時の恐怖心で、次の日からは起きようと決めた。つまり怠けていて拝まれるということは、彼女にとってかなりおそろしい体験だったのである。

こうしてTさんは次の朝から頑張って起きたが、一度起きるともう寝ておれなくなり、

どうしようか、閑だしな……と思ってブラブラしていた。しかし友達が講話を聞いていたので、Tさんも講話を聞くことにした。

「何や、分からへん話。面白くないし、ねむたいしな……」

と思ったが、しばらく聞いていた。

するると練成会の終りのころ、友達が「研修生になる」という話をした。研修生とは一体何やろ、と思い、でも自分もそれをやってみようかと思い出し、とうとう研修生をやってみると母に伝えた。すると今度はお母さんがびっくりして、ほんまかいなときくから、ほんまやと答え、研修生として残ったのである。

そうなると次第にお母さんの方も変わって来た。やさしくなったので、お母さんて、こんな人だったのかと、はじめて母のよいところに気がついた。それまでは母に反抗して、親子がバラバラな心でいたのが、宇治に来てからは次第に仲よくなったし、そのことがすごく嬉しかった。やはりTさんの本心は「母と仲よく暮らしたい」という思いだったのである。

そこで母に対して、「一般練成会でも短期練成会でも、どっちでもよいから受けてみて」

と頼んでみたが、はじめのころは全然受けいれてくれなかった。しかし二ヵ月前（つまり三月）の短期練成会に母は参加してくれた。その時母の書いた感想文を読んでみると、Tさんがこんなに変わったり、自分がこんなに変わったのも、ここの生長の家のおかげで、お母さんは嬉しいと書いてあった。それをよむとTさんも嬉しかったので、これからはこの生長の家や練成会のことを色んな人に伝えたい――と話されたのであった。

何をどう観るか

このようにして、正しく保護されたり、指導されて、「人生学校」の正常な練習方法を学んで行くと、必ず神性《しんせい》・仏性《ぶっしょう》が開現してくる。それは、神性・仏性こそ人間の本性であり、本来の魂の実相だからである。Tさんは拝まれて怖ろしかったというが、怠けているとそ叱られるのが普通だからだろう。普通だと思うことは、彼女の本心が、「怠けるといけないよ」と知っているからに違いない。それでもこの姿を拝むというのは、本心の方を拝んでいるのであって、怠けて朝寝をしたり、サボッたりしている姿を拝んでいるのではない。

その肉体の姿はニセモノであって、本心を包みかくしているだけなのである。

これを宗教的に「罪」というが、「包み」と同じ語源だ。土産物を包んでくれて、それを持って家に帰ってきても、

「これはマンジューです」

「これはケーキです」

などと、〝中味〟を言うのが当り前だろう。

「これは包みです」

などという人はいない。それと同じで、「人は罪人だ」という言い方は、本当ではなく、

「人はみな神の子だ、完全円満だ」

と〝中味〟を言う方が正しいのである。

だから人の欠点や醜いことを色々とあばき出して非難しても、相手は中々良くならない。そうではなく、美しい所、よい所、すぐれた中味を心で見て「拝む」のがよい。拝む対象は、大した物でないかも知れない。仏像でも神像でも、それは石や木で出来ているが、その石や木が神であり仏だというので拝むのではない。その石や木の像は「包み」の部分で、

その中味の（それが象徴する）本物の神性・仏性は、見えないし、測定できないのである。だから、

「神や仏がいるなら、サア、見せてくれ」

などというのは、見当違いで、何でも見えると思い上がった感覚主義者の傲慢《ごうまん》である。いいかえると唯物論の間違いということにもなる。これは日本という国の場合でも同じで、その国土や、その歴史的事件だけを見て、その見える部分だけで「つまらない、感謝できない」などというようなものだ。

ことに最近では、学校の社会科の教育で、日本の歴史の失敗した部分や戦争の部分だけを、ことさら取り上げる人もいるが、これでは日本はよくならないだろう。Tさんがよくなったのは、母から小言をいわれ、ケンカして、非難されたからではなく、拝まれたからである。つまり五官の世界を超えた、実相世界、実在界を心で観《み》、コトバでほめ称《たた》えると、その正しい言葉（真言《しんごん》）が現れて来るという大原則を、ぜひ多くの人々に普及し徹底して行きたいと思うものである。

2　光のコトバを大切に

コトバの使命

今日まで講習会場や練成会場で、多くの方々の体験談を聞いたが、どちらかというと女性の体験談の方が多かった。しかも女性の方が男性よりも「話がうまい」という印象を受けた。勿論《もちろん》男性にも上手に話される方もいるが、その数は、どうも女性に及ばないようであった。

コトバは口で話されたり、文字で表現されたりする。そしてコトバが人生を作りだす重要な役割を果すのであって、このことは『甘露の法雨』の中に、

『完全なる神の
「心」動き出でてコトバとなれば
一切の現象展開して万物成る。
万物はこれ神の心、
万物はこれ神のコトバ、
すべてはこれ霊、
すべてはこれ心、
物質にて成るもの一つもなし。』
と記されているように、全てはコトバで出来ている。従ってこの現象界でも、法律も、契約も、お祭りも、結婚も、死亡証明も、出生届も全てコトバで作られる。子供の入学も、学校側から「合格した」という通知（コトバ）があって、何月何日に届け出て下さいというので入学する。買物でも、「お食事ですよ」と知らせるのも、みなコトバであって、今日は何月何日だというのもコトバである。
「もうよく分かったよ。クドクドと言うな」

もコトバだし、この原稿も文字という言葉で書いている。パソコンで書いても同じだ。そのコトバが上手で、スラスラと本当のことがしゃべれるということは、何とありがたいことであろうか。しかも女性は男性にまけず劣らず、時にはもっと上手にしゃべれる。これは女性の持つ〝特権〟だということもできるであろう。

ところが日本では昔から口に出して言うコトバを、あまり〝訓練〟してこなかったし、ことに女性にはひかえ目に話せと教えられた時代もあった。だから女性は主に個人的なおしゃべりの方を訓練して、公共向けの演説とか、発表や祝詞などは練習してこなかった。従って会話でも、時によるとどこに主語があり、どこに述語があるのか分からないような、ダラダラとしたおしゃべりが続くという欠点も見られたのである。

しかし時には例外的に、演説の上手な女性も出て来たようだ。〝演説〟という日本語は、どうやら福沢諭吉さんが作ったコトバだという話もあるが、英語のスピーチを訳して使いだしたらしい。そしてこのころから、日本各地に「演説会」がはやり出して、それを聞くために、多くの人々が集まってきた。遂には〝車夫も少女も〟演説をやりはじめたと、芳《は》賀綏《がやすし》さんの『言論と日本人』（講談社学術文庫）には記されている。その中で、明治十四年九月二十八日の『朝野新聞』の記事を紹介して、こう書かれている――
『同年九月八日、越後柏崎の西福寺で演説会があった。馬場辰猪をはじめ、草間時福、佐伯剛平らが乗り込んで、こもごも壇上に立って演説した。――終わって、柏崎を中心とする刈羽郡一帯から参集した有志三百人余りが懇親会に居残った。酒席では、聴衆だった人たちが、かわり合って一場のスピーチをした。そのうち、思いがけず女性の話者が立った。

年のころ十六、七の美婦人が徐《おもむ》ろに立ち上り鶯舌を鼓して、滔々《とうとう》流水の如く男女同権論を陳《の》べければ、人々其容貌の美麗なると弁舌の雄偉なるとに驚き、コハそも如何なる仙女の出現したるにやと、顔のみ打守りていづれも茫然として耳を傾け居たるが……

スピーチが終わって女性が席につくと、男たちはわれもわれもと競って女性の席へおもむき、「お名前を……」とかしこまった。答えによれば彼女は、柏崎の近在平井村の千刈某氏の娘で当年十六歳、「都下にも稀れなる婦人にて、田舎にうもれ居るは深山の桜のここちせられしと云ふ、さも有りなん」と、その記事は結んである。（中略）』

(『言論と日本人』47、48頁)

ところで平成十二年、同じ新潟県の柏崎で、九歳の女の子をさらった男性が、彼女を十九歳になるまで監禁していたという怪事件が発覚した。これを聞くと、多くの人々は驚いたのである。どうして十年近くも、彼女は黙っていて六畳か八畳の一室に閉じこめられていたのだろうか。犯人の男性と母は同居していたというが、どうしてこの母親も、この事実を黙っていたのだろうか——ということである。

明治十四年と平成十二年とは、同じ地区でもこんなに違うのであろうかという疑問である。

「うちの息子が、こんなことをしてくれました」

と演説はしなくてよいから、せめて何とか人にもらしてくれたら、もっとずっと早くこの女の子は解放されたのではないかと、心が痛む次第である。この母親は警察に相談に行ったが、まともに受けつけてもらえなかったそうで、どこかにコトバの行きちがいがあったのだろう。やはりコトバははっきりと、表現することが、コトバの使命を全うすると分かるのである。

しかも女性にはコトバを使う実力がある。千刈さんの娘さんは十六歳で立派な「男女同権論」を演説したというから、大したものである。さらに又同書は、次にこのような記事も紹介していた。これは『朝野新聞』の明治十六年十月九日の引用文だが、京都での〝女子演説会〟のことだ――

『然るに感心なるは本年漸く八年一ケ月なる太刀フヂ子といふ童女の演説にて、初め壇上に登る時は、人々如何あらんとあやぶみしが、(人も亦花の如きものか)といふ演題を掲げ、まだ里なれぬ鶯の谷の戸出でし風情にて、「皆さんよ私は花で名のある大和国吉野の者なるが、其の吉野は田舎にて、何もかも不自由な所なれど、其名の今に落ちぬは桜花のあるが故なり、国には都鄙の別あれど、花には都鄙の別なし、人も亦これと同じく、ただ、賢愚の別はあれども学業に従事して才智を磨きさへすれば(中略)、吉野の花の如く、心の花を咲かせなば、自から人望のつきて我求めずして人来て我用をなすものなり」

と、弁舌さはやかに演じたるにぞ、聴衆は皆々感嘆してやまざりしと云ふ。

わずか八歳で、どんな演説ぶりだったのか。内容はマル暗記だったのかもしれない。臆せず、凛然《りんぜん》たる態度で、よどみなく述べたてたのが聴衆を魅了したのであろう。内容をこなしていようといまいと、ことばのヒビキを体得するという一面が、むかしの言語教育にはあったが、そういう面もここにはうかがわれるようだ。』

わずか八歳の女の子が、「人も亦花の如きものか」という演題で「心の花を咲かせよう」と説いたというから大したものだ。現代人でも同じことが言えるのであって、心がコトバとなり、コトバが万物を作るのであるから、花のような美しいコトバを使う練習をして、大いに明るい「花のような人生」を送りたいものである。

コギャルさんが、ケータイばかりで特定の仲間とだけ、語尾を長く引っぱったり、舌たらずのコトバで、長々と会話しているだけでは、「花のようなコトバ」の訓練にはならないだろう。この世では、時にとんでもない事件が起り、事故が発生し、傷つくこともある。それはみな「花の心」をわすれ、花のコトバではない、暗いコトバに親しんできたせいかも知れないが、それでも人が〝正しい信仰〟をもち、「神の国は完全円満である」のが実相だと分かりさえすれば、どのような人世にでも作りかえて行くことができるのである。

神に全托する

ところで私は平成十二年の一月二十二日に、札幌市に行き、二十三日には教化部で特別練成会を行った。その時、何人かの方々が体験を話して下さったが、その中の一人である宮崎信子さん（昭和二年四月生まれ）は、滝川市一の坂町に住んでおられて、ご主人は泰《やす》謙《かね》さんという方であった。当時信子さんは化粧品のセールスをしていて、昭和三十年四月に入信されたが、平成十五年五月に昇天された。

平成十一年の四月八日のことだ。宮崎さんの長男主彦《かずひこ》さん（四十五歳）が、札幌から帯広に行って帰る途中、交通事故を起して大怪我をした。道路が凍結していて、スリップしスピンして、大型トレーラーに正面衝突したのだ。主彦さんは生死の境をさまよったが、信子さんは「絶対死なない」と信じつつ、神様、神様と称えていたという。八日の朝午前

四時前に事故の連絡が入った。四月一日から空知教化部で早朝神想観が行われ、丁度一週間が経っていたころだったから、

「これでよくなる、益々よくなる、絶対よくなる」

と思いながら神想観をすませ、すぐ信子さんは入院先の岩見沢の労災病院に急行した。その間も『甘露の法雨』を読み続けた。そして「神の子」は神様に全托しようと思ったのである。

さて労災病院に着いてみると、一人の老婦人が、「お宅は何をしているんですか」と問う。そこで、うちでは生長の家の教えを聞いて感謝の生活を行っていますと答えた。すると、その人は、

「ああ、それなんだ……」

とつぶやいた。その時はもう親兄弟がみな病院に来ていたし、車で運んで来てくれた人や警察の人もいて、警察へはご主人と一緒に行くことになった。さらに車を運んで下さった所に行くと、「死んだでしょう」といわれたが、「生きています」と答えた。警察でも、

「きのうの方、死んだんでしょう」

ときくのである。でも主彦さんは生きていたのだ。それほど車は大破していたのだ。車を見ると、なるほどこれなら皆が死んだ、死んだというのも間違いではないと思うほどバラバラに壊れていた。

車の中には大型の『甘露の法雨』が入れてあり、本人の胸には小型の『甘露の法雨』が入れてあった。病院での主彦さんは沢山のパイプで機械につながれており、肋骨が八本も折れ、顎骨も折れ、片方の脚は砕け、他方の脚も二ヵ所が折れていた。

しかし信子さんは、神の子は神様にお委せするのがいいのだと信じ、ただ〝全托の祈り〟をするだけだった。その後信子さんは滝川市から岩見沢まで毎日通って看病し、途中列車の中や病院では『甘露の法雨』を千巻以上も誦《あ》げたのであった。やがて六月二十日には講習会が行われる。だからそれまでの間に「神様、お力をお与え下さい」と祈り、千巻読誦をちょっと上回ったころから信子さんは、講習会の推進にも歩いた。

こうして伝道にも努めていると、誌友*さんや幹部の方々も、「助力してあげよう」というので、多くの方々が協力して下さり、講習会への個人目標を達成することができた。信子さんは地方講師*でもあり、夫の泰謙さんは空知教化部の職員であった。息子の主彦さんは機械のセールスをしていて、札幌に住んでいたのである。

光のコトバで闇はきえる

このように人生のある時期には、突然の出来事で倒れたり、死に直面することもありうるが、常に『甘露の法雨』の中にあるコトバを読誦し、その不死・不滅のいのち、「神の子・人間」の真理を信じ、「神想観」で心に描く行（練習）をしている人は、現象面の悪や悲惨さに打ちひしがれることがなく、さらに人々に教えのコトバを伝えるだけの力が与えられるのである。

さてその後五月になると例年の如く、東京で全国大会が行われた。そこで信子さんは娘さんと嫁さんと共に全国大会に参加し、聖経*の〝法供養*〟もし、息子さんのことは心から放ち去り、全托の気持を持続していた。このようにしていると、主彦さんも次第に健康を回復し、もう歩けないだろうと言われたのに歩けるようになった。十月八日には事故の現場検証が行われたが、この時も息子さんは杖をつきながら出かけて行った。こうして平成十二年（一月二十三日）ではもう足を不自然に引きずることもなく、雪の中でも歩けるようになり、ただまだ走れない状態だと話しておられた。

このような回復力は、全ての人々の内部生命に宿っているものであり、人間・神の子・完全円満なる実相から湧き出る〝無限力〟の一部なのである。しかもその力は明るいコトバや祝福や感謝のコトバによって、いつどのような形で出てくるかが決まるといってもよい。それは各人の信仰の程度や、父母の信仰がどれだけ正しく子供や孫などに伝わり、実行されているかにかかっているのである。

さらに又一月二十三日の練成会では、旭川市東光《とうこう》十条一に住む松田智江《ちえ》子さん（昭和十二年八月生まれ）は、こんな体験を話して下さった。松田さんは昭和四十年にお産で次男を亡くし、医者からは、今度赤ちゃんが生まれたら、親子ともに生命があやういから、生まないようにしなさいと言われた。しかしそれ以前から彼女は生長の家のお話を聞き、『生命の實相』*も読んでいたので、近所の人からもすすめられて十月に入信した。すると二年後に安産をして長女を出産したのである。

ところがそれから二年後に長男の伸彦君が腕を骨折し、翌年は頭に怪我をし、次の年には家族四人乗った車が堤防から転落するという事故を起した。しかし家族全員と車も無事だった。すると近所の人が、「水子さんはいませんか」ときくのだ。実は十二日に死亡した水子（人工流産児）がいた。そこで地方講師の泉さんに相談して、その子に名前をつけ、命日には供養をするようにしたのである。事故が起きた日がすべて十二日だったので、心をこめて『甘露の法雨』を読んだのであった。

　そのうち智江子さんは双子の赤ちゃんを妊娠したが、六ヵ月ぐらいしておなかがとても苦しくなった。本部講師*だった藤島講師に相談して毎日『甘露の法雨』を心をこめて読むようにし、双子の赤ちゃんにおわびしていると、スカッと楽になり翌年に丈夫な双子の女の赤ちゃんが無痛分娩で生まれた。その上さらに毎日『甘露の法雨』を誦《あ》げていると、神経症や金縛りになる症状もなくなり、膀胱炎もよくなったのである。

　長女の千賀子さんは二十七歳で結婚し、幸福な家庭生活を送っておられた。だが結婚後三年たっても赤ちゃんが生まれないので、『甘露の法雨』をよく読んで、「元気で明るい素直な神の子さん、無痛分娩ありがとうございます」と唱えて、おなかをなぜていてごらんと教えたところ、二ヵ月後に妊娠して、可愛い女の子が生まれ、平成十二年一月で十一ヵ月になったという話だった。双子の次女と三女は直子さんと佳子さんといい、長男の伸彦さんは東京の大学を出て大阪のダイキン工業に勤めていて、阪神大震災の時も、彼の住んでいるマンションはしっかりしていて何事もなかったそうだ。

長男さんは結婚後十年のころ、まだ子供が産まれていなかった。そこで智江子さんは『甘露の法雨』の千巻読誦を始めた。五百回ぐらい誦げた時、良彦さん（ご主人）が交通事故にあって死ぬ夢を見た。娘さんも同じ夢を見た。しかし智江子さんは、人間は生き通しのいいのちであるということを知っていたので、決してアワテふためかず、夢などに引っかからない。死んだらしっかり『甘露の法雨』を誦げて上げましょうと思っていた。

ご主人は昔は暴力的で、赤ちゃんでも泣くと殴るというくらいだったし、金銭もムダ遣いをして、智江子さんが働いていると、

「女房がいいのは、俺の仕込みがいいからだ。そのへんのへナチョコ親父とは違うんだ」

と威張っておられたが、そのような過去はいつしかすっかり消え去り、今はすばらしい愛ふかいご主人となり、智江子さんの夫を恨んだ心も完全に消え去ったこと、あたかも「光が闇を消す如く」だという話であった。不幸・災難などは本来実在しない〝闇〟のような

ものであるから、〝光のコトバ〟によって消え去るのである。

＊誌友＝生長の家の月刊誌の購読者。
＊地方講師＝自ら発願して、生長の家の教えを居住都道府県で伝える、一定の資格を持ったボランティアの講師。
＊聖経＝『甘露の法雨』を始めとする生長の家のお経の総称。他に『天使の言葉』『続々甘露の法雨』『聖使命菩薩讃偈』などがある。（日本教文社刊）
＊〝法供養〟＝生長の家本部練成道場において行われている供養の一種で、聖経『甘露の法雨』の読誦をしつつ、一切の問題が解決するように祈願すること。
＊『生命の實相』＝谷口雅春著。頭注版・全四十巻。愛蔵版・全二十巻。昭和七年発刊以来、累計一千九百万部を超え、無数の人々に生きる喜びと希望を与え続けている。（日本教文社刊）
＊本部講師＝生長の家総裁により任命され、本部直轄の下に生長の家の教えを布教する講師。

3 明るい言葉、感謝の祈り

ちょっとした言葉

人は誰でも美しい言葉を使うと、人生を楽しく生きることができる。ちょっとした言葉の使い方で、相手を楽しくさせるし、時にはいやな感じを与えることもできる。日本語ではハイという返事をよく使うが、長々としゃべった後で、

「……でございまして、ハイ」

というと、何だか自分で自分の言葉に返事しているようで、あまりよい感じのものではない。同じハイでも、二回くりかえされ、

「ハイ、ハイ」

となると、いやいややってあげるという感じになることが多い。特にハイの〝ハ〟にアクセントをつけるとそうなるから、要注意だ。このごろはハイの代わりにウーンという人もいるが、何だか消化不良の〝唸《うな》り声〟のようだ。平成六年十月二十四日の『産経新聞』に、こんな投書が載《の》っていた――

≪

無職　杉　左近　77
（福井県高浜町）

病院の待合室で、七十歳前後の婦人が二人、さっきから話している。「〇〇さんは、転んで骨を折りなさったそうやね。どこでこけたのやろ」「それがな、家の中やって。年寄りはちょっとこけても、すぐ骨が折れて、もう治らんから困る」「いっぺんにころんと死ねばよいけど、動けんようになって人の世話になるのが、お互いつらいわね」

二人の話はまだ続く。

「私の姑（しゅうとめ）さんはな、亡くなる前一年ほどは、おむつを替えたり、体をふいたりしてあげるたびに『おおきに、すまんなあ』といわはったで。その一言で、世話が苦にならんようになったわ」「あら、私の姑さんはな、『お前にこんなに世話になるとは、残念や』というたで。あの憎らしい言葉は、一生忘れんわ」

二人の話を聞いていて、私は「人間は、どっちみち人の世話にならずに、人生を終えることはできないのだから、せめて素直に『ありがとう』の言える年寄りでありたい」と、つくづく思った。》

この二人の姑さんの違いは、言葉の上では前者が「すまんなあ」と言ったのに、後者は「残念や」と言っただけのようだが、きっと発言のアクセントやイントネーションがすっかり違っていたのだろう。後者の姑さんでも、「残念や」だけが余分の言葉だから、これを取り去ると、

「お前にこんなに世話になるとは……」

で、感謝の言葉にも変わる。つまり一言《ひとこと》多すぎるだけで、相手を怒《おこ》らせることもできるし、言い方次第では相手に悦びを与えることもできるから、心して使った方がよい。

人々に悦びを与えると、自分もまた嬉しいが、相手に怒《いか》りやくやしさを与えると、結局自分が不幸になり、人々から嫌がられるものだから、それこそ「残念や」ということにな

るのである。

さらに同じ新聞の十八日号には、こんな投書も載っていた。

言葉の改修工事

匿名希望　17
（大阪府富田林市）

《先日、英語の授業での出来事。先生が私の後ろの友達を当てたあと「つぎ、おい！　ちょんまげ、答えろ」と言いました。私はだれのことを言っているのかわからず、しばらくそのまま座っていました。すると、私を見て「おい！　お前や」と言うのです。

多分、席替えをしたので座席表がなく、私が髪をポニーテール型にしていたので、そう呼んだのでしょう。しかも、私が立とうとした時、先生は「おいおい、そんなに私を無視するのか」と言い、当てられた簡単な英文を正しく訳すと「おっ、できるやないか。でけへんと思ったのに」と言ったのです。

私は怒りがこみ上げ、涙が出そうになるのを必死にこらえていました。私のクラスはあまり英語が得意ではない生徒が多いようで、その先生は授業がある度に「このクラスはアホばっかりやな」と生徒を侮辱《ぶじょく》します。

その先生は、いつもすごく偉そうな態度なので生徒から嫌われています。あと半年も、その先生の授業を受けなければならないかと思うと、ものすごくつらい毎日です。

（高校生）》

この〝先生〟も言葉使いがとても乱暴で、人に悪感情を与え、言わなくてもよいことまで言っている。生徒に対してもそうだろうが、家庭でも職場でも同じことになる。

「おっ、できるやないか。でけへんと思ったのに」

の後半は全く不要な言葉で、前半だけなら立派な称め言葉だから、これも全く「残念や」の種類だ。こんな言葉の改修工事は、やはりその根底から改修しないと、一部分の改良では中々難しい。つまりその人の心の根底にある「人間をどう思うか」という点が、「つまらぬ奴《やつ》」とか「いやな人」というような見方ではなく、「人間は皆良い人である」からさらに進んで「人は神性・仏性、神の子である」という人間そのものの〝実相〟を信ずるようになると、「改修工事」はきわめてスムーズに進むものである。

さてこうして相手の美点を見、それを言葉に言い、和顔・愛語・讃嘆《さんたん》の練習をして行くと、自然に言葉使いも改まり、感謝の生活を送り、一切の悪現象が改善されて行く。この〝練習〟の最も入りやすい第一歩が「笑いの練習」である。人はとかく笑いを失って、偉そうな、暗い顔ばかりしているが、これでは人間の持つ特権とも言える「笑い」を失っている。「笑い」から改修工事に入るのも速効的だろう。

例えば、当時千葉県市川市市川四丁目に住んでおられた佐藤千織《ちおり》さん（昭和三十七年一月生まれ）は、平成五年の九月に、初めて河口湖の練成道場*に来られた。その頃彼女には結婚したいなと思う人がいたが、丁度お友達が婦人科の癌《がん》検査を受けたいから「一人じゃ嫌だ、あなたも一緒に行って」というので、一緒に行くことにした。そしてついでに彼女も癌の検診を受けたのだ。すると友達は癌がなかったのに、佐藤さんには大きな子宮筋腫《しきゅうきんしゅ》が出来ていて、医者は「子宮ごと取り去らなければならない程大きい」と言うのだった。

心が明るくなると

これは大変と思って、どうするか思い悩んだが、たまたま友人の、生長の家本部の国際部に当時勤めていた佐藤ルーベンさん（現在は法務課）に相談した。すると九月十一日から河口湖の練成会が行われるから「一緒に行こう」と言われ、ほとんど〝連行される〟形で連れて行かれた。さて道場へ入ると、

「有り難うございます」

と合掌される。「ワー、宗教だ」と思って、忽《たちま》ち帰りたくなったが、とにかく入所すると、やがて講師の先生がお話して、

「まあ、ちょっといてみては……」

という感じだった。そこでしばらく練成を受けることにした。すると夜講堂に行くと、和顔・愛語・讃嘆をするのがよいという話があり、まず笑いの練習をしようと、皆が笑い出した。千織さんは、何が何だかわからなかったが、「こっちは、笑いごとじゃないんだ」

と思い、怒って部屋に引き返した。帰るとスピーカーから、笑いの練習をやっているのがよく聞こえる。引き返そうか……とも思ったが、ともかくフテクサレて、三日ぐらいは居ようと心にきめたのだった。

さて次の朝目がさめると、少し気分がよい。講話の中で、「人間は神の子で、本来すばらしいものだ」という話を聞くうちに、何となく楽しくなってきて、怒るのがいやになった。こうして練成の後半になると輪読会で先導役を引きうけ、嬉しい、楽しい、有難いという気持で、明るい言葉や称め言葉を使う練習をし、喜び勇《いさ》んで帰宅したのである。

すると、家の人から、「あんた、いつ切るの？」と手術のことを聞かれる。アッと思ったが、練成道場での講話の、「父母に感謝しなさい」という教えを思い出した。そこで神想観をして、自分の実相のすばらしさや、父母に感謝を心に描いていると、北海道の母から電話が掛かった。母は子宮筋腫のことを知っていて、

「すぐ北海道に帰っておいで。一緒に病院に行きましょう」

という。そして電話の向こうで泣いているので、ついに彼女は北海道に帰ることにきめた。そこで十二月二十二日に手術を受けたところ、以前は「子宮丸ごと取り去らなくては

いけない」と言われていたのに、子宮筋腫だけがきれいに切除され、子宮は完全に保存され、結婚しても立派に子供が生める健康状態になったのであった。これも父母に感謝し、人間神の子の信仰から、人生の明るい面を見るようになった人生観の大転換がもたらした結果だが、このように信仰といっても「笑いのある明るい信仰」でなくては本当の幸福や健康は得がたいものである。

勿論信仰が深化すると、手術をしなくても治る場合もあるが、必ずしも手術するしないにこだわる必要もない。あたり前のことが、あたり前に有難くなり、スムーズな明るい人生が開ければ、いらぬものがなくなり、いるものが出て来る「自然流通《じねんるつう》」が出現するのである。

行方不明のお金

さらにこんな実例もある。山口市平井八八に住んでおられる吉光《よしみつ》タカ子さん（昭和四年十月生まれ）は、平成四年の白鳩会全国大会に参加することにした。その時はディズニーランド見物や買物も計画の中に入っていたので、少々沢山お金を持参しようと思い、銀行から二十万円引き出した。うきうきと帰宅すると、丁度玄関先でヤクルト販売員の友人が待っていて、

「今日は新製品が出たから、吉光さんに是非食べてもらいたいと思って持って来たのよ」

という。これは有難いと思い、すぐ二十万円を家に持って入り、さらに外に出ておしゃべりをしていた。そこへ夫が帰って来たので、すぐ台所の支度《したく》をしようとして、台所に行き食事の支度をし、お金のことはすっかり忘れていたのである。

さて翌朝、地区連合会長の水津さんが、白鳩大会の費用を受けとりに来られたので、二十万円を置いたはずの所に探しに行ったが、見つからない。驚いてあたりを探したが、ハッキリと何処に置いたのか思い出せないのだ。あわててそこらあたりを探し廻ったが、見つからない。その様子を見て御主人が、

「どうしたの」

ときく。

「ちょっとね……」

と答えて、出したり入れたりと探していると、

「生長の家の大事なものを無くしたのか？」

ときかれるので、「そうです」と答え、さらに探したが、やはり見つからない。翌日になって探しても出て来ない。仕方なく、今回は大会参加はお断りしようか、と思いはじめた。

すると神崎白鳩会教区連合会長さんがよく言われた言葉を思い出した。

「主人がどうの、お金がどうのこうのと言っていたら、講習会も大会も行かれませんよ。神様のことを第一にすれば、あとは全てうまく整《ととの》うのですよ……」

すると、大会参加を断る勇気も消え失せた。やはり神様に全托するのが一番だと思い、「奇蹟の手帳」*を出してきて、「今度の大会には是非参加させて下さい。主人に感謝します。父母にも感謝致します。もうお金には執着しません」と書いて、『甘露の法雨』を一心に読誦した。しかし中々感謝したり、感動するまでに至らない。これではまだ神様に全托していない、波長が合っていないと思い直し、もう一度「奇蹟の手帳」を出して読んでみると、

「お金に執着しません」

と書いてある。なるほど、私はまだ二十万円に執着しているなと思い、感謝のことばを書きつらね、さらに翌朝の神想観の後で、『甘露の法雨』を一字一句をかみしめながら読誦したのである。

不運と好運

こうして『甘露の法雨』の〝物質〟の項まで読むと、身体が熱くなって来て、涙が出て字が読めなくなった。そこで思わず、

「お父さん！　お母さん！」

と叫んだ。するとふっとゴミ袋のことを思い出した。

そうだ、私は生ゴミから水分が出るので、いつも新聞紙を二、三枚敷いてゴミ袋に入れる。そのことを思い出し、もしかしたら新聞紙と一緒にお金を入れて、ゴミ袋を出したかも知れない……と思って時計を見た。するともう九時半を回っている。「ゴミ回収は終ったな。きのうのゴミ袋だからもう駄目だ」と思ったが、気になるのでゴミ集めの場所に行っ

てみた。すると吉光さんとこのゴミ袋だけが残っていたのである。

朝ゴミ袋を出した時はゴミ袋の山の上の方に袋を置いてあったのに、どうして私の家の袋だけが残っているのだろう？　と不思議な気がしたが、もしかするとこの中にお金が入っているかも知れないと思い、先ず神様に祈った。

「神様、申し訳ありません。こんな袋の中に二日もお金を閉《と》じ込めまして、申し訳ありません、有難うございます、有難うございます……」

そう心の中に念じながら、袋を持って家に帰り、逆さにしてゴミを取り出すと、一番底に敷いた新聞紙の中に、きれいなままのお金を入れた袋があった。タカ子さんは思わずそれを抱きしめて、「ありがとうございます」と唱えながら、急いでそれをお仏壇にそなえ、聖経を誦《あ》げたのだった。

こうして二十万円は無事に返って来たが、日がたつにつれて、不思議だと思い出した。どうしてゴミ袋が一つだけ残っていたのだろうと思い、次の日ゴミ収集の人にゴミ袋を持って行ってたずねた。

「ゴミ収集の時、ゴミ袋を残されることがありますか？」

すると収集の人は、

「引越しのシーズンなどで、ゴミ袋が沢山ある時は、たまにそういうこともありますが、滅多にそんなことはないよ。奥さん、あんた神妙な顔をして立ってたけど、宝もんでも入れとったかね」

ときくのだ。

「いのちと同じくらい大切なものを入れとったのを、残して頂いたので、今日はお礼に伺いました」

と言い、合掌して拝んだ。すると彼は、

「いいや、拝んでもいいよ。わしは神様じゃない。ただお金をもらって仕事さして頂いているだけだから。しかしそれよりも奥さんは、ふがええ（運がいい）し、日頃の行いがええんじゃろう」

と言って、笑うのだった。そしてさらに、

「わしらはこの仕事をしていて、蔭《かげ》でそういうふうに感謝してもらえる人がおると、やりがいがあります」

と言って、去って行った。

このように、感謝と礼拝と神への全托の祈りがあると、当り前が当り前に進み、不運が好運に変わって行くものである。

＊ 河口湖の練成道場＝山梨県南都留郡富士河口湖町船津五〇八八にある、生長の家の道場。毎月各種の練成会が開かれている。
＊ 「奇蹟の手帳」＝『祈りを成就し堅信を築くための奇蹟の手帳』。心の善き想いを実現するための祈りの記録帳。谷口雅春監修・生長の家本部編集。（日本教文社刊）

Ⅳ　真実を語ろう

1　真実を語る生活

繰返し現象

この人生には、色々の「繰返し現象」がある。十二月になると、やがて大晦日を迎え、元旦がやって来る。それは毎年きまった時にやって来て、同じように春夏秋冬が繰り返される。しかも一年は十二ヵ月で、さらに一週間には日月火水木金土が、あきもせず繰り返される。これらの積み重ねが人の一生となるのである。

しかしこの繰返しには、とても大切な意味があり、毎日同じことをやるようでも、そのやり方によって、大きな差が出て来るのだ。Aさんはちょっとした「善い事」をやるが、

Bさんはちょっとした「悪い事」をやる。それを繰り返していると、その積み重ねが大きく開いてきて、Aさんは善いことがとてもうまく出来るようになるだろう。例えば、毎日ハイと明るい返事をしてニコニコしていると、その練習によって、明るい家庭が作られ、子供達にもハイ・ニコ・ポンが伝わる。（ポンとはすぐポンと立ち上がって行動すること）

ところがBさんは毎日何かちょっとしたウソをつくとしよう。何処かへ行くにしても、本当のことを言わないで、「ちょっと買物に」とか何とか言って、友達と会って遊んだりする。会いたくない人が来ると、

「いないと言って」

と家人に言いくるめてもらう。ちょっとしたウソは平気という日々が重なると、やがてやすやすと大ウソがつけるようになるものだ。平成九年五月十六日の『讀賣新聞』の〝人生案内〟欄に、こんな質問がのっていた。

『二十代後半のＯＬです。妹のことで相談します。

妹は昨年、会社の同僚と結婚しましたが、数年前から妻子ある男性と不倫関係を続けてきたことがわかりました。夫である義弟と二またをかけ、結婚後も不倫相手と会うために、

「習い事」と言って外出や外泊をし、その送り迎えも義弟にさせていたそうです。

不倫相手の奥さんからの電話で、義弟は一部始終を知ったそうです。妹は知られたことがわかると、家を飛び出してしまいました。

その後、お互いの家族を交えて話し合いを持ちましたが、私の両親は「こんな娘とは縁を切る」と叫ぶばかりで、責任をもって心から謝る態度を見せません。妹の行方《ゆくえ》も探す気はないようです。私は情けなく、義弟に対して申し訳ない気持ちでいっぱいです。

妹のことで多大な迷惑をかけた義弟には、せめて慰謝料を支払うべきだと思うのですが。また、不倫相手の奥さんにも支払うべきでしょうか。

（東京・K子）』

まいた種を刈り取る

この〝妹さん〟なる女性は、ウソばかりついて、ウソが上達し、ついに不倫に及んだものと思われる。不倫をするには、ウソでごまかさないでは不可能だからである。その結果は悲惨な終末になるのが当然であり、決して〝愛〟などという言葉で美化されるべきものではない。それにしてもこの投書者は、「慰謝料」のことまで心配しておられるが、回答者の鍛治千鶴子さんは、いかにも弁護士さんらしく、こう答えておられた。

『困った妹さんだとは思いますが、二十代半ばにもなって一人前の大人なのですから、自分でまいた種は自分で刈り取らせるしかないと、あなたも覚悟を決めた方がよいのではありませんか。

確かに、妹さんのした行為は、夫に対してだけでなく、相手の男性の妻に対しても不法行為であったり、慰謝料を請求されてもやむを得ないことだと思います。

しかし、両親にはその責任はないわけですから、両親が娘に代わって慰謝料を払ういわれはありません。あなたの目には、両親は逃げていて無責任だと映るのかもしれませんが、それを責めるのは酷ではないでしょうか。

他人事というのではありませんが、これは妹さん自身が自ら解決すべき問題だと割り切り、周りは静観するほかないのではないかと思います。』

ここにも書かれているように、「自分でまいた種は自分で刈り取る」のが「心の法則」であり、それを「業の法則」とも「因果律《いんがりつ》」とも言う。この〝妹さん〟の場合は、ウソだけではなく、さらに悪業を重ねたのであるから、家族の方々にとっては心配の種だったろう。こんな大きな過《あやま》ちにならないうちに、早期にウソをつくくせや、欲望第一に走る習慣を正しておくことが大切である。

すべての行為には、そのもとにはコトバが関与している。それ故《ゆえ》幼いころから〝真理の言葉〟や、和顔・愛語・讃嘆を身につけておくことが大切であり、何でも「本当」なら、それを言いふらしてもよいというわけでもない。どんな愛念をもって、その行為をするかということをよく考えておかなければならない。というのは、中には「相手のためを思ってウソをつく」という人もいるからである。あるいはウソを言わなくても、返事をしないとか、ノー・コメントという場合にも、善と悪との両方の使い方があるものだ。

きかれたら全てを誰にでも正確に答えなければならない、それが「正直だ」ときめつけてしまうと、人々のプライバシーは消え去るだろう。答えたくない時や、知らさなくてよい質問には、ノー・コメント（言えません、答えたくありません）ということは、いくらでもありうるし、それが正しい場合もある。

例えばある娘が妊娠して、「あのXさんの子だ」と言ったとしよう。それがウソであっては大変な結果になるが、X氏が愛情あふれる人物で、ウソを承知で「その通りだ」と言ったらどうなるか。二重のウソが、多くの人々を惑わすだろうが、やがてそのウソが分かってしまうのが「業の法則」の結末であろう。X氏の愛情の示し方は、もっと正直な方法があったはずであり、その方が人々の迷惑を少なくしたにちがいないのである。

ノー・コメント

ところで話は変わるがやはりホントとウソの話だ。ある日私は『病院で死ぬということ』と題する山崎章郎《ふみお》ドクターの本を読んだ。あいにくジャパンタイムズ社の英訳本だったので、日本文の正確な引用はできないが、とても沢山ガンで死んだ患者さん達の話が書いてあった。一九九〇年当時の日本の病院では、患者にガンだと知らせず、ウソの病名をつくのがよいとされ、家族には知らせても、患者本人には知らさない習慣が出来ていたようである。つまり日本の病院の大部分では、「病気を治す」ことのみを目的として、そのためには一時間でも三十分でも、患者が長生きするように努めるために、最後には医者もヘトヘトになるくらい〝蘇生術《そせい》〟を施《ほどこ》したのであった。今でもそのような病院が、まだあるらしいが……。

しかし山崎ドクターは、多くの経験を経て、この方法で患者にウソをついたり、真実を知らせないのはいけないと気付き、ホスピスの重要性を強調しておられるのだが、その数多くの実例の中の〝パニック〟という章を簡単に紹介しようと思う。

ある大工さんはひどく酒のみで、ほとんど仕事をせず、三人の子供を残して、結婚十二年で死亡した。したがってその妻はほとんど幸福な日を経験することなく、酒のみの夫にはうんざりしていたというから、夫婦仲は悪かったらしい。夫の死後三人の子供を育てるために、身を粉《こ》にして働き、「泥棒以外のことは何でもした」というくらいだった。

こうした年月の末、やっと子供たちが仕事について働きはじめ、ホッと一息つけるようになった年の夏の終りごろから、彼女は胃痛と、吐き気に悩まされ出した。やむを得ず病院に行って山崎ドクターに診察してもらった。するとレントゲン等で調べた結果、ガンが進行していて、胃の半分にまで拡がっていたのである。

ウソを言う人たち

一週間たって彼女は検査の結果を聞きに来院した。山崎ドクターは、「全ての医師たちと同じように、先ず彼女にウソを言うことにした」と書いてある。まずレントゲン写真を見せて、大きな潰瘍《かいよう》（ulcer）があるので入院が必要です。多分手術も可能だろうと告げた。さらにもう一度内視鏡で検査してから最終決定をすると言った。

その結果彼女は、神も仏もないのだろうかと思い悩んだ。この世は正しくない、私なんかかかるのはおかしいと思って腹を立てていた。

数日後、内視鏡の検査をしたところガンは胃の幽門《ゆうもん》部から中央部にかけて拡がっていたので「手術が必要だ」と告げた。彼女はすぐ同意し、「全てをあなたにおまかせします」と言った。けれども山崎ドクターは、胃の中央部のガンは切除が難しいと判断した。もし切除できなかったら、胃の残った部分と小腸とを接続したとしても、やがて胃の出口はガンの拡大によって完全にふさがれてしまうだろう。しかしとにかくすぐ手術する外はないと思ったのである。

　彼女は家に帰って入院の準備をしつつ、息子達に胃潰瘍の手術をすると電話した。息子達は驚いてお互いに電話し合って相談した。翌日長男（三十すぎくらい）が山崎ドクターに会いに来たので、ドクターは病状をくわしく説明した。すると息子は、口ごもりながら、

「それは、胃潰瘍じゃないんですね？」

と、顔色を変えた。山崎ドクターはこのガンを全て切除することは困難だろうと説明し、もし何もしなかったら、胃の幽門がふさがって、嘔吐《おうと》し続けるだろう。切除できなくても、バイパスをつけるから、少しは楽にしてあげて、生きる期間をのばす事ができると説明した。息子は全てを了解し、病気は胃潰瘍だといっておいて下さいとたのんだ。母親は病気は胃潰瘍だと思いこみ、手術を受けてこの困難を乗り切ろうと考えた。後になって家族たちは母に事実を告げずにおこうということをきめたのである。

本当のことを教えて！

やがて手術が行われた。手術後の一週間は快方に向かったようだが、やはりガンの拡大のために、バイパスをつけても胃と小腸との間にガンが拡がり、バイパスはつまって機能せず、彼女の容態は日に日に悪化して行った。三週間目にはさらに悪化した。こうして四週間目にパニック状態となったのだ。長男の妻がナース・ステーションにかけこんできて叫んだ。母は半狂乱状態になり、医療のためのチューブ類全部を引きぬき、わめいていると。かけつけた山崎ドクターに患者は「もう冗談はやめて！」と叫んだ。

「もしガンだったのなら、そう言って！　手術なんか何の役にも立たなかった。本当のことを教えて！　死ぬのなんかこわくないのよ！」

山崎ドクターがいくらなだめても、ウソをつかれたことで患者は誰も信用できず、絶望的な孤独感に陥《おちい》り、無言と無視の反抗を続け、山崎ドクターの「助けられなかった、すまない」というおわびの言葉だけを得て、六十歳になったばかりで死んで行ったのである。

人は誰でも肉体を捨てて、あの世に旅立って行く。しかし自分がいのちを托《たく》した家族や医師からウソを告げられたままの孤独感でこの世を去って行ったのでは、どこにも救いはあり得ないだろう。けれども真実を知り、しかも「本当のいのちは永遠なること」を自覚して昇天するならば、ガンを胃潰瘍とごまかす必要などは何一つない筈《はず》である。

さらに又ガンでも腫瘍でも、退縮したり、拡大せずに休止したりする例は、いくらでも発見されて来ている。

例えば大阪府泉大津市下条町《げじょう》に住んでおられる香川妙子さん（昭和十一年一月生まれ）は、二十歳の時、両親から『生長の家』*と『白鳩』*誌をもらった。その後妙子さんは、看護学校で十八年間小児看護を教えた。ところが孫の次男が、出産の時のトラブルで脳性麻痺《まひ》にかかり、それを機に妙子さんは平成二年四月「母親教室」*を開いた。するとその開会の日と次の会合のとき、急に口一杯に唾液がわき出て来た。そこで検査してもらうと、胃に悪性リンパ腫（ガン）ができているという診断で、平成二年の十月に、胃と脾臓《ひぞう》を全部と、膵臓《すいぞう》を半分切除する大手術を受けたのであった。

そんなことから彼女は退職し、平成四年の二月にはじめて総本山の団体参拝練成会（団参）に参加した。連日感動と感激の連続で、奥津城《おくつき》参拝をして「伝道」を決意しつつ祈ったところ、不思議な光の波に包まれた気がして、涙が流れて止まらなかったそうだ。以来白鳩会*の組織活動を続け、〝団参〟への参加を呼びかける日が続き、現在は地方講師や白鳩会地区連合会長もつとめておられるのである。

ほんとのことを話す喜び

妙子さんが〝団参〟から帰った三ヵ月後にはガンが再発した。もはや再手術は不可能であり、治療法は何もなく、水一滴ものめなくなった。ただ栄養剤の点滴ばかりだったが、神想観を行じていると、再び不思議な光によって包まれている体験を得て奇蹟的に回復し、健康になったのである。

一方お嫁さんの和美さんは、結婚するまで生長の家ではなかったが、「母親教室」に出席するようになり、「母親教室」のリーダーともなり、さらに支部長にもなり、伝道活動をはじめ出した。ところが平成八年七月二十五日に縦隔《じゅうかく》に胸腺腫瘍が出来ているのが発見され、これも手術不可能と診断された。医師からは抗癌剤治療がただ残された方法だが、三十五％から五十％くらいの確率でしか治らないと言われたのである。

これらの診断には、何一つウソもゴマカシもなく、そのままであるが、人間・神の子・

不死・不滅を知っている人々には、何の恐怖心もなく、和美さんは抗癌剤の投与をうけることにした。その治療を始める前には三日間宇治の練成会に出席し、「あんなに練成会がすばらしいとは知りませんでした。もっと早く行けばよかった」と感動を語ったそうだ。その後練成道場の講師の方々も彼女のために真剣に祈って下さり、誌友の方々も晒《さらし》に写経をして下さったりしたのである。

こうして愛念につつまれて信仰生活を続けていると、癌細胞の中央から壊死《えし》がはじまり、縮少して行ったのである。しかも抗癌剤に対する副作用は全く起らず、近畿中央病院中を明るく動き回っていたので病院の人気者となり、平成九年一月二十三日には手術をうけることができた。しかし縦隔に出来たガンであるため、一部は残ったが、これも何一つかくすこともなく、妙子さんが団参で発表され、その同じ団参に和美さんも出席しておられた。彼女が団参出席のため病院に外泊許可を申し出ると、担当医師が、

「あなたは、いのちと引きかえに、どこへ行かれるんですか」

ときいた。

「私は生長の家の総本山のある長崎に行って参ります」

と、これもまたウソもいつわりもないホントノコトを話して、参加しておられたのであった。妙子さんは最後にこう話された。

「この和美さんの発病を通して、私達は主人も息子も孫たちも、私も和美さんも、過去の一切のものが、一度にワッとふき出すように出て参りました。その時家族全部で祈り、『甘露の法雨』を誦《あ》げる中で、和美さんと縁あって親子となり、あの子の魂とふれ合い、あの子が今現在ここに存在していてくれているということ、そのことだけで、本当に有難いと思わせて頂けるようになりました……」

しかし和美さんは、その後この病気で亡くなられたそうである。

＊『生長の家』＝生長の家の月刊誌の一つとして、昭和五年三月号創刊以来、平成元年三月まで発行され続け、生長の家の文書伝道の基幹雑誌として、今日の生長の家の発展の礎を築いた。

＊『白鳩』＝生長の家の女性向けの月刊誌。

＊「母親教室」＝生長の家白鳩会が全国各地で開催している、母親のための真理の勉強会。

＊白鳩会＝生長の家の女性のための組織。全国津々浦々で集会が持たれている。

2　ウソのない年を送ろう

欠けた言葉？

新しい年の始めに当たり、〝正しい言葉〟について考えてみたい。それはウソ、イツワリのないという意味の〝正しい言葉〟の意味である。これに加えて、〝欠けた言葉〟があっては、物事が正しく伝わらないから、それもなるべく〝正しい言葉〟に修正したいものだ。その一例として、平成十四年八月二十四日の『毎日新聞』に、安田清一さん（七二）の次のような投書がのせられていた。京都市西京区の方であるが……

《電車内の痴漢行為が多く、ＪＲでは朝のラッシュ時に女性専用車両を走らせている。被害にあっても声を上げられないのをいいことに、痴漢をするとは卑劣極まりない。

しかし、こんな例をご存じだろうか。

午後の電車内で、下校時の女子高校生らしき一団と乗り合わせた。いや応なしに彼女らの話が耳に入ってくる。髪を染めた一人が「朝、隣におったおっさんを『この人、痴漢や』て言うてやったら、周りの人に引きずり降ろされよった。私も、降ろされてうっとうしかったけど面白かったで」と言うのだ。

がく然とした。彼女の「面白半分」の一言で、彼の一生はめちゃめちゃにされるかもしれない。痴漢には確たる物的証拠がないだけに、ややもすれば被害者の言いなりに運ぶのではないか。

彼女らは罪の意識のかけらも見せないまま、たわいもない話題に夢中になっていた。》

この文章を読んでいて、私はどうも納得が行かなかった。どこか一部の文章が欠落しているのではないかという気がしたのだ。その欠落部分は（もしあるとすると）、電車の中の女子高生らしい女の子の発言にあったかも知れないし、この投書を編集した人の省略か、あるいは投書者の言葉の不足かはよく分からない。

しかしいずれにしても、この女の子が何もしない隣の〝おっさん〟をつかまえて、「この人、痴漢や」と叫ぶだろうかということだ。もしかすると電車の動揺で、彼女の方に倒れかかったか、手がふれたか、何かがあって、〝痴漢や〟というコトバが叫ばれ、周囲の人々が〝おっさん〟を引きずり降ろしたのではないだろうか。

そのあたりに〝欠け落ちた言葉〟があるのではないかという想像である。そうでないとこの投書者のように、この〝おっさん〟は、とんでもない濡れ衣《ぎぬ》を着せられて、かえって被害者にされ、彼の人権その他にも傷がつくということになるだろう。

言葉の欠落

こうした一例でも分かるように、コトバというものはとても大切、かつ強力であり、その影響する範囲は測り知ることができないくらいである。かつて私は新年にあたって、「今年こそウソを言わない年にしよう」とどこかに書いたことがあるが、多くの犯罪も、ウソから始まるのだ。ソーセージの中に国産の牛肉ではなくて、外国産のものがまじっていたとか言う事件も、さらにその昔のニセ牛乳事件も、ウソをつき通して判決を引きのばして時間と国費をムダにし続けるサリンの事件など、いたる所にあるのが現状だ。

さらに又前に述べたように、男女いずれにしても、ウソをつかないで不倫行為をすることは、とても不可能であると思えるだろう。そしてウソは必ず不幸をもたらすものだ。たしかに一時のがれは出来るだろうが、ウソはそれを利用する人びとの心や、その周辺の人や国にまで、災害をもたらす。そのわけは、ウソが人間の「神性・仏性」という〝本質〟に背反するコトバだからである。

ところがかつての日本には医学界や一般人の間にも、癌だと診断された時、それを隠すことが当り前のように思われていた時があった。そして癌の診断を〝告知〟などという特別な言葉で表現したものである。吉村昭氏の著書『冷い夏、熱い夏』（新潮文庫）には、その実例が、なまなましく記されている。本文には著者（私）の兄さんや弟さんが癌にかかった例が述べられているので、多分この（私）は吉村氏自身のことだろうと思う。そもそもこの作品は〝毎日芸術賞〟をとった迫力のある力作だが、吉村氏自身は肺結核のため学習院大学を中退し、左肺の上部をつぶす大手術をうけた人だ。そのため晩年になってもしばしば高熱を発したり、肋骨五本（『私の文学漂流』より）を切除したので胸痛や咳に苦しんだということである。

その時の執刀医が醍醐教授で、東大医学部教授を定年退職し、ある病院の名誉院長をしておられた。著者（私）はこの人に弟さんの病気について多くの指示を受け、家の近くに開業している森崎氏が主治医のような立場になったという。こうして広志という弟さんは宇津病院に入院したのである。

広志さんは最初胃がもたれると言って、近くの開業医にみてもらい、ついでに肺臓のX線透視をしてもらったところ、左胸部にピンポン玉ぐらいの白い影が見えた。咳も痰も出ないのだが、吉村氏が、定期検診をしてもらっている私立医科大学病院で診てもらうことにした。吉村家では母の系統で癌にかかる人が多かった。弟さんもこの病院の胸部内科の教授から、国立癌専門病院へ行って精密検査をうけるようにと言われ、九十九パーセント肺癌だと自分では思ったそうだ。

ウソの告知

さらに十三年前には三兄（三番目の兄）が、国立癌専門病院で胃癌の手術をうけた。この時は兄に医師は病名を告げたというが、二年後から再び不調となり、当時東大医学部の分院長だった醍醐教授の診断をうけたのだ。すると教授は兄が診療室から出て行くと、あとに残った吉村氏（私）に、
『私を見つめながら両掌《りょうて》の指で環《わ》をつくり、腹部にあてた。それは、南瓜《かぼちゃ》ほどの大きさであった。

教授の無言の会話がつづき、頭を少しかしげると、片方の掌の指をすべて開いた。それは、兄の胃の中の癌が触診だけでもわかるほどかなり大きくなっていて、しかも生命の限界が五カ月以内であることをつたえていた』（一八頁）

と記されている。だから癌と口に出すことすらひかえている時代だったようだ。しかもその夜、教授は電話で、

『「お兄さんにさとられぬよう努力して下さい。奥さんにも教えない方がよろしいでしょう。知ってしまうと看病がし辛《づら》くなりますのでね」

教授は、淡々とした口調で言った。』（一八頁）

と書いてある。しかしこうして兄は三ヵ月ほどで食物が咽喉《のど》を通らなくなった。その後しばらくして見舞に行くと、兄ははげしく吉村氏（私）をののしり、「手術後、切除された胃を見たのはお前だけで、その折、外科医が末期癌なので再発すると予告したのだろう」と、兄は言葉をつづけた。「私」はそれを否定した。兄は「醍醐先生はお前になにか言ったはずだ」と問う。それも吉村氏は否定した。

『「嘘《うそ》をつくな。おれは、症状を先生に詳しく説明したんだ。醍醐先生ほどの人なら、それだけでどんな具合かわかるはずだ。おれは、こんな状態になってしまっているんだぞ」

兄は、眼を閉じた。顔には憤《いきどお》りと絶望の色が浮び出ていた。』（二〇頁）

このようにウソは言われた人も言った人も、兄弟同士であっても、悩み苦しみ争うものである。そして、「お前が信じられなくなった。帰れ、帰れ」と追い立てられたが、兄はその後間もなく死亡したというのである。——こんな状態を目近に見ていた弟の広志さんが、次に肺ガンになったのだ。彼は七月中旬に国立癌専門病院に診察をうけに行き、肺に腫瘍があるからといわれ、入院手術することになったのである。そこで吉村さん（私）が「良性だ」と伝えると、

『「ちがうよ、兄さん。今日、手術をすると言った外科医が、カルテにL・Cと書いたのを見たんだよ。なんの略称かと思って家に帰ってから辞書で調べてみたら、Lung Cancer、肺癌じゃないの。そんなことを言ったってだめだよ」

弟の声には、憤りのひびきがふくまれていた。』（二四頁）

このようにウソを言うことによって、かえって兄弟間にも争いの心をまき起すものである。さらにガンでないというウソを、広志さんの妻の馨《かおる》さん、その他兄弟たち夫妻と子供にも強《し》いた。そのために、これらの人々の心痛は大へんなものであったことが全文にみちあふれている。そして広志さんが最後になって口もきけなくなり、やっとの思いで馨さんの出したスケッチブックに、マジックインキで、辛《かろ》うじて〝ガン制圧〟と読むことのできる字を書いた時にも、吉村さん（私）は、

『「そんな注射を打ちたいと言ったって、お前と癌とは関係がないんだから、打ってみたっ

て仕様がないだろう。どんなことでもしてやるけれどさ……』」(二四九頁)
と言い、本人は誰からも教えられなくても、ガンだと思っていたのだ。それでもなお最後までウソをつき通されたのであった。

自然治癒力

このようにして、本人が最後の瞬間までも「本当の事実」を知らされず、ウソをつき通され、信頼すべき医者や肉親や友人からも瞞《だま》され通して死亡することが、果して幸せであるだろうか。幸せとは思えないのである。

そこで最近では日本でも、多くの病院では癌なら癌と教えるようになってきた。そして、〝癌は治らない〟という古い考え方が放棄され、早期なら治るものであると言われるようになり、手術で組織を取り去ったり、転移したとしてもガンの発達を遅らせたり、時には消滅させることもありうると考え、〝正確な実情〟を知らせつつ、安らかな晩年を迎えさせるホスピス(hospice)が作られている。欧米ばかりではなく、日本でもそうである。これは人間に内在する「自然治癒力」が、最も確実な力であり、それを〝安らかな心〟が引き出して来るからである。例えば平成十四年八月二十七日の『讀賣新聞』には次のような投書がのっていた。

『　　　　　　　　　　　　　　　　　無職　原嶋　実　85（千葉県船橋市）

医者から「がん」だと告知されれば、だれしも悩み慌てるのが普通だろう。私の兄（87）は二十六年前、大腸がんと告知されて手術を受けたが、「もう手の施しようがない。余命三か月だ」と言われた。だがその後大過なく、元気に過ごしてきた。これをどう理解したらよいのかと戸惑いを感じる。

さらに兄は昨年、胃がんと診断されて入院したが、しばらくすると本人の希望で退院し、通常の生活に戻った。それから一年以上経過した今、何事もなかったかのように庭仕事や旅行を楽しむ生活を送っている。

兄の場合、がんだと告知された時は二度とも、私も含めて家族は悩み慌てたものだが、がん細胞の進行は人によりかなり差があるのだろうか。

がんであると診断されても、いたずらに慌てず慎重に対応することが大切だと実感している。また、医師の方には、最初から「余命」まで告げてしまうことの重みもよく考えてほしいと思っている。』

医師が「余命」まで告げるのは、たいてい家族の者に対してだが、それは決して絶対的な数字ではなく、現在までの統計的な数字だから、結果としては間違うことがよくある。だからそこまで言うのはもうやめるべきだろう。人によって様ざまな寿命であるからだ。

本心のコトバを

とにかく、人間の運命は、コトバによって作られてゆく。だから今年こそ明るい、気持のよい言葉を使い、ウソ、イツワリは言わない年を送ろうと言うのである。しかしそうかと言って、死にかかっているのに、死なないと言ったり、負けているのに、「勝った、勝った」と言うのは、明るいコトバではなく、ウソに属するものだ。日米戦争中、味方が沢山の死者や軍艦の沈没等を出したのに、あたかも「勝った」かのような印象を与える発表をしたミッドウェー沖海戦のような事実もあったようだが、このような場合はやはりイツワりの部類に属するだろう。丁度国産の牛肉の代りに、輸入牛肉をまぜて、何だか金銭をごまかしたようなものと同じで、このような策略が好結果をもたらすことは、断じてありえないのである。

そこで最初この会社の創業者の会長さんが、責任をとって〝名誉会長〟となったと発表された時、それはオカシイと農水相から言われたことがあった。これは〝名誉〟にならぬことをしたのに〝名誉会長〟となるのは、正しい言葉遣いではないからであろう。この時も私の家内は、

「〝名誉会長〟だなんて言わないで〝不名誉会長〟の方がいいわ」

とつぶやいたものだ。そこで私はこの不名誉説に賛成して、

「〝不名誉会長〟という詩を書くか、投書するかしたらどうだ」

と勧めてみたが、この進言ははかなくも現実のものとならなかった。コトバが事実を作るし、コトバには創造力があるけれど、全てのコトバがその通り実現するとは限らない。冗談でいくら「おかしくて、死にそうだ」と言っても、中なか死にはしないようなものだ。本当の心の底から出るコトバがやはり大切で、それは決してウソではないはずである。何

故ならわれわれの心の中の〝本心〟は「神の心」そのものであるからだ。

だからこそ、いつもウソのない生活をしようというのである。するとその時はちょっと体裁が悪かったり、相手の気分がこわれて、不利益をこうむることがあったとしても、その正直なウソのない性格が信用されて、やがてきっと明るい未来が開かれてくるものだ。

しかもその〝明るい未来〟は、必ずしもこの今の肉体生活の〝現世〟であるとは限らない。現象の人生はすべて「仮相」であり、「人生劇場」における芝居の一幕のようなものだから、その一場面で殺されたとしても、その心のこもった熱演によって、次のさらに又次の芝居の筋書きでは、幸せな主役を演ずる立場におかれて、むやみに瞞《だま》されたり、裏切られたりしない演技ができるようなものである。

これが本当にハッキリと解るためには、「人間は不死・不滅の〝神の子〟である」ということが判らなければならない。死なないいのちは完全円満である。だからホントの心がコトバとして出てくるのだ。そのコトバが人生劇場を、美しく彩るのである。

それ故、単に一世代の心の使う道具である「肉体」を長持ちさせるだけに熱中するよりは、その「肉体」を至美至善なる「神の国」の表現のために、力一杯、明るく、のびのびと、世界人類のためばかりではなく、地球上のあらゆる生物、無生物のために、行動しようではないかというのが吾われの主張なのである。

3 本はありがたい

ただでも読める

最近は色々の機械が発明されて、携帯電話やパソコンなどでも、多くの情報をやり取りすることが出来るようになった。その為「本を読む」機会が少なくなったと言う話もきくが、本にはとても有り難い長所がある。その一つは全国に沢山の図書館があって、良い本を只で借りて読める点である。パソコンでもケータイでも、なかなか「只」とはいかないだろう。何時しか電話代が溜まって、親に支払わせた、という人もかなりいるようである。

もっとも私はまだケータイは持っていないし、子供に何万円か支払わされた経験もない〝幸福もの〟だが……パソコンは持っている。が、まだインターネットなど使ったことがないから、どんなウイルスにもかかった事がないと言う「幸せ者」でもある。ところで平成十五年九月四日の『産経新聞』には宮脇　滋さん（22）の、こんな投書が載っていた。『歴史上の有名人は、若いころに多くの本を読んだと言う。中には、図書館の本すべてを読み尽くした人物もいるようだ。彼らの成功は、たくさん本を読んだことによるものだろう。

現代はたくさんの本が巷《ちまた》にあふれている。毎週、新しい本が発売される。それなのに、近ごろの子供たちは、本を読まないという。テレビゲームやテレビに時間を費やすそうだ。「本を読みなさい」としかる大人たちも読まなくなっている。本の出版数は増えているのに、本が売れないという事実がそれを証明している。

テレビと違い、本は読むのが面倒かもしれないが、脳みそに刺激を与えられる。また、テレビよりも情報量が多い。現代人は忙しいだろうが、通勤の途中でもいいし、テレビを見ている時間でもいい。本を読むのに充てればいいのだ。（兵庫県川西市）』

色々の本が出版されているのに、あまり売れないとは、不思議な現象ではないだろうか。本は紙でできているし、紙は木から作られるから、これを捨ててしまうと、忽《たちま》ち「地球の温暖化」に繋がるようだ。

沢山、美しく書くこと

字は紙にばかり書くとは限らないから、書けるものなら何に書いてもよい。だが、落書きのように、他人の塀や壁に変な形で、訳の分からない落書きをするのは、よくない。軽犯罪にあたる。つまり「悪業」を積むことになるから、必ず「悪果」を生む。だからこれはパソコンにウイルスを送り込むのと同じ様な「悪果」を、犯人自身が受けとるから、是非止めることである。

しかし正当な物件に書く字は、大いに「コトバの力」を発揮し、効果をあらわす。図形でも絵手紙でも、効果がある。ことに手紙では、手で書いた手紙の方が、印刷した手紙よりも、相手に丁寧な気持ちを伝えることができる。これはパソコンやケータイでは難しいし、筆で書くのとボールペンで書くのと、万年筆で書くのとの違いもあるから、大変「奥が深い」と言えるだろう。

しかも文字は大きくも書けるし、小さくも書ける。ついでに何枚でも書いたり貼ったり出来るという「変幻自在性」がある。例えば平成十五年九月五日の『讀賣新聞』に、こんな投書が載っていた。

『

「初心者の運転は温かく見守って」（8月28日）という投書をされた川島さんへ。後続車にあおられたり、クラクションを鳴らされたりするなど、運転はたいへんですね。免許を取ったばかりだった二十年前の私を思い出しました。

看護師　生出　啓子　45（横浜市）

私は、夜勤の帰りに一人でタクシーに乗るのが嫌で、免許を取りました。横浜は交通量が多いのですが、安全運転に徹しようと思った私は、「初心者マーク」を六枚、車にはり付けました。車の前後、左右のドア、そして屋根に二枚です。

こうすれば、どんな角度から見ても、私の運転が下手なことが分かってもらえます。「ご迷惑をおかけします」とアピールした結果、周りの車は自然に避けてくれました。中でも、トラックやバスのドライバーの方には親切にしていただき、道の譲り合いの仕方も覚えることができました。

六枚もはっていると目立つので、自然と運転マナーにも気を配るようになります。もし、私の方法を試してみようという初心者の方がいたら、車を降りる時には盗まれないよう、マークをはずすのを忘れないで下さい。健闘を祈っています。』

これはとても良いアイディアだと思う。「コトバの力」の集積活用法だ。同じコトバが何回も出てくると、「力」の方も何倍かに増幅される。「練成会に行こう」と誘うのでも、一回、二回では駄目でも、五回、六回と誘っている内に、「とうとう行ってくれた」という事実は、いくらでもある。

だからフタバマークでも、何枚もベタベタ貼り付けると、それなりの効果があるにちがいない。道路を規則通りの速度や車間距離で運転していても、割り込んできたり、ブーブーと警笛を鳴らしたりする人は一杯いる。

「そんなに急いで何処に行く」

「早く事故に遭って、死にたいのよ」

と言う人は滅多にいないのはなぜか？　多分、こっちも急いでいるので、会話の余裕がないからに違いない。「お先に、どうぞ」と書いた紙でも貼って置く手もあるが、これも目立つように「大きく」そして「美しく」書くと効果があるだろう。

字は大先輩

兎に角「コトバの力」は大したもので、文字はその〝古典的大先輩〟であるから、無視したり、軽蔑したりしてはいけない。この〝大先輩〟のことを「老人」とも言うが、最近はこのコトバを嫌う人もいて、「高齢者」などというが、「老」と言うコトバは「長老」などと使われて尊敬の言葉だ。だから青少年を「長老」に任命したという話は聞いたことがない。昔使った「大老」や「老中」も、残念ながらジュニアにはなかったようだ。それにも増して、「誉め言葉」の力は絶大である。「感謝のコトバ」も大きな力がある。例えば平成十五年九月六日の『毎日新聞』には九歳の小学生、永井香織さん（愛知県幡豆町）のこんな投書があった。

『わたしは、大切な物がたくさんあります。たとえば、お母さんに買ってもらったゆびわです。大切な人も、いっぱいいます。お父さんは、昼間は会社でお仕事、夜は内しょくをしてがんばってくれています。お母さんは会社で仕事をし、お買い物へ行ったり、ごはんをつくったり、せんたくをしてくれます。おばあちゃんは、内しょくで手ぶくろを作っています。お兄ちゃんは、漢字や算数でわからないところがあると教えてくれます。

このように、みんな、わたしのためにいろいろなことをしてくれます。うれしいです。ほかにも近所の人やしんせきのおばさんたちがやさしくしてくれます。わたしも、みんなにやさしくしてあげられる人になりたいです。』

こんな良い子がどうして出て来たのだろう。きっとこの香織ちゃんのお父さんやお母さんなどのご家族が、とても良い〝誉め言葉〟で育てて下さったからに違いない。お兄ちゃんもお祖母ちゃんも、近所や親戚の方々もみんな深切で素晴らしい。これが本当の人間、『甘露の法雨』の中に、『真性の人間』と書かれている「人間の実相」である。

この「実相人間」をコトバでどれだけ認めるかによって「現象界」に現れたり、現れなかったり、又半分ぐらい現れたり、三分の一くらい現れたりする。半分ぐらいのとき、「もう駄目だ」と思って悲観するか、「もう一息だ」と思ってさらに美点を認めようとするかは、やはりその人の「心」によって決まる。心が前向きか、後ろ向きかによる。言い換えると、「心のヴェクトル」の方向による、と言えるだろう。

ある日、私が本部会館へ行こうと思って、東郷神社の石段の辺りに来たとき、父親に連れられた子供が、「これは東郷神社に行く石段だよね」と聞いた。それはそうだが、また同時に、「神社から原宿駅に行く石段」でもある。「上り坂」は同時に「下り坂」でもある。人生での坂道を上るか下るかは、こうして心が決めるのである。

心のヴェクトル

その心の方向付けは、コトバでするのが一番やりやすい。コトバの中には行動や動作や表情も含まれているからである。ニッコリ笑うのも、ちょっと会釈をするのも、みなコトバだからだ。ぶん殴るのもコトバだが、あまり使って貰いたくないコトバだ。良いコトバにも沢山ある。例えば平成十五年八月十八日の『讀賣新聞』にはこんな投書が載っていた。
『　　　　パート　宮崎　善久　68（千葉市）
定年後、パートで病院の清掃員をして七年になります。病院には、元気に退院する子、長い闘病生活を送る子など、様々な子供がいます。看護していた子供が亡くなって、泣き崩れる看護師を目にすることもあります。

こんなにかわいい子供たちがなぜ病気と闘わなければならないのかと、ふと思います。私が名医であったなら……、もしも魔法が使えたら……などと思うことさえあります。

ある日のことです。いつもめそめそ泣いている小さな女の子が、その日はおとなしく、ベッドの上から私の仕事を見つめています。泣いてばかりいるのは親のしつけが甘いからではないかとも思っていましたが、どうも思うように言葉を話せないことがストレスになっているようでした。

私は、女の子に「きれいにするからねえ」と声を掛け、ベッドの下のちりをモップでさらっていると、女の子の声の断片がベッドの上から聞こえてきました。私は、その言葉をつなぎ合わせてみて、ハッとしました。「あ・り・が・と・う」と言っているのです。不自由な言葉で礼を言ってくれたのです。私は胸を熱くして病室を出ました。

私も頑張ろう。医療現場で清潔な環境を提供するのが私の仕事。そう教えてもらった気がしました。』

この女の子は、やっとの思いで「ありがとう」とお礼を言った。声に出して言ったが、文字に書いてもよい。勿論ニッコリして、何か変な声で言っても、笑顔が心を伝えてくれる。ある日ちょっとした石段を上がって上の道に出たとたんに、私の目の前をスレスレに追い抜いて右折した人がいた。その人が、「ご免なさい」と言って会釈してくれた。見ると、彼はアフリカ系の人で、綺麗な発音の日本語だった。私も「いーエ」とか応えたが、この一言の挨拶があるか無いかで、相手の人格の良さが感ぜられるものである。

そんな簡単なコトバでも欠乏しているのが、東京渋谷区の原宿なのだ。もう一つ、平成十五年八月十七日の『毎日新聞』の「女の気持ち」というコラムに、こんな投書があった。千葉県野田市の間中和子さん（71）のものだが……

『「夫の口ぐせ」（7月30日）を拝見して、どこの男も無口のようでも「口ぐせ」があるのだなあと思いました。私の夫は口べたで話すことを好みません。だから口で失敗することはありませんでした。その男が毎日寝るころ、「今日もいい日だったなあ」と言いました。私には何も思い当たることが無いので、「きっと外で何かいいことでもあったんでしょう」と、口にはしませんが、そう思っていました。

ある時、急に私の血糖値が高くなり、即入院と言われ、病院のベッドへ。その時夫が申しました。「何も変わりがないということは、ありがたいことなんだよ」と。

退院後も夜になると「今日もいい日だったなあ」。結婚してから何万回聞いたでしょうか。子供たちが結婚し、孫が生まれ、いいことが増えていき、何事もなく一日が終わる喜びは、夫の心を休ませるに十分だったのでしょう。その声を、去年聞くことができなくなりました。ほんの20分くらいの苦しみで天国へ行ってしまいました。心筋こうそくでした。

今は父親の後を継いで、子供たちが「今日もいい日だったねえ」と元気に一日を過ごせたことを感謝しております。決して十分な生活ではありませんでしたが、夫の一言は私の心を平安にしてくれるに足るものでした。私も言いたいと思います。「今日もいい日だったわねえ」』

当たり前の有り難さ

毎日寝る前に、「今日もいい日だったなあ」と言うのは、とても良い習慣だと思う。なにも変わりがないということが「ありがたい」、すばらしいコトバである。ここでもう一度『自然流通の神示』を思い出してもらいたい、即ちこう示されている。

『「生長の家」は奇蹟を見せるところではない。「生長の家」は奇蹟を無くするところである。人間が健康になるのが何が奇蹟であるか。人間は本来健康なのであるから、健康になるのは自然であって奇蹟ではない。「生長の家」はすべての者に真理を悟らしめ、異常現象を無くし、当り前の人間に人類を帰らしめ、当り前のままで其《そ》の儘《まま》で喜べる人間にならしめる処である。（後略）』

これも「無口」ではなかなか表現しにくいが、幸いなことに、人間にはコトバがある。尻尾があれば、それも使えるが、生憎《あいにく》なくしてしまった。だからその代わりに、文字を発明し、ケータイやファックスや、パソコンや電話なども発明した。どれを使っても良いし、それもデジタル化によって、ますます精密化されたのである。

どれでも選り取り見取りだが、前述の如くその中でも、〝古典的大先輩〟である文字を印刷した「本」は、大いに活用して貰いたい。それも最近はデジタル化して、電子辞書が多数出回っている。しかし重々しい本も良いもので、文庫本や新書本などは軽くて持ち運びが便利だ。「歩きながら読める」という美点がある。しかも紙にハッキリと記録されているから、内容がケータイよりも長持ちする。中身が黄色くなっても、しわくちゃになっても、〝最古参の老人〟のように、深切丁寧に取り扱って貰いたいものである。

最後に私の本のことにちょっと触れておくと、この頃は表紙を堅い上製本にしないで、紙表紙にしている。これは値段もちょっと安くなるが、それと共にすこし曲げて、ポケットか小鞄にも入れられるようにと思ったからだ。

しかし「歩きながら読める」と言っても、人とぶつかったり、自転車や車とぶつかったりしないようにしてもらいたい。本を読みながら崖から転落して、怪我をしたからと言って、それを「本」のせいにしないようにお願いしたいものだ。その為に、本の内容もちょっと堅苦しく、時にはアクビが出てくるのかも……ね。

コトバが人生をつくる〈完〉

コトバが人生《じんせい》をつくる

平成十六年九月十日　初版発行
平成二十九年九月十五日　六版発行

著　者　谷口清超（たにぐち　せいちょう）

発行者　岸　重人

発行所　株式会社　日本教文社
東京都港区赤坂九―六―四四　〒一〇七―八六七四
電話　〇三（三四〇一）九一一一（代表）
〇三（三四〇一）九一一四（編集）
FAX〇三（三四〇一）九一一八（編集）
〇三（三四〇一）九一三九（営業）

頒布所　一般財団法人　世界聖典普及協会
東京都港区赤坂九―六―三三　〒一〇七―八六九一
電話　〇三（三四〇三）一五〇一（代表）
振替　〇〇一一〇―七―一二〇五四九

印　刷　東港出版印刷株式会社
製　本　牧製本印刷株式会社
組　版　レディバード

ISBN978-4-531-05240-0

株式会社 日本教文社　〒107-8674　東京都港区赤坂 9-6-44　電話 03-3401-9111（代表）
日本教文社のホームページ　http://www.kyobunsha.jp/
宗教法人「生長の家」〒409-1501 山梨県北杜市大泉町西井出 8240 番地 2103　電話 0551-45-7777（代表）
生長の家のホームページ　http://www.jp.seicho-no-ie.org/
各本体価格（税抜）は平成 29 年 9 月 1 日現在のものです。品切れの際はご容赦ください。